直感の原型

「神話」と「民話」

渡邊　佳明

大学教育出版

はじめに

直感を主題にして筆者が論じた本は今回が五冊目である。発刊順で既刊書の題名を振り返れば、『「心の問題」と直感論』『直感分析論・「言葉」と「心」の領域』『「直感分析法」の原点と拠点』『続・直感分析論・「行動」と「身体」の領域』である。二冊目から四冊目までは「直感分析」について論じたものである。

初刊本が「心の問題」に関連して「直感」概念について論じてあり、それらを挟むようにして今また新たに「神話・民話」に関連して「直感」を論ずることとなっている。このことに特段の意味があるわけではないが、これら一連の試みが「直感」概念を一貫して主題にしていることも改めて浮かび上がる。現にこれまで「直感分析」とは「直感が直感を分析する」ことであると繰り返し述べてきた。このことの意味はそこに分析方法としての「直感」と分析対象としての「直感」が同時に存在しているということである。これは一つのジレンマであって、そこで現に「直感」があって分析を始めているのだが、その対象となるもの自体がすでに「直感」としてそこにある。そこにはいつでも二つのありようの直感があって、それぞれが互いに重畳しながら循環している。それが「直感が直感を分析する」のありようであった。

だが、初刊本で「心の問題」と関連して「直感」について論じたありようは、今述べたありようとは微妙な、あるいは逆に決定的な差異がある。「直感」とは別に「心」が措定され、そのうえで「直感」が論じられていたからである。そして、今回「神話・民話」が措定され、そこで「直感」が論じられる。そこにもまた微妙な、もしかすると決定的な変化の可能性が想定される。

「心」と関連させた「直感論」においてはそれが最初の直感論であるにふさわしく「直感」概念はあいまいであり、

あいまいであるがゆえに「直感」概念に近い「心」が主題化された。だが、今回は「直感が直感を分析する」を通じて「直感」概念はかなりの程度はっきりしてきていて、「心」と関連させて取り上げたときとは状況がかなり違っている。「直感」の本質としてある「あいまいさ」のことを除けば、つまり「直感」概念を説明するということであれば材料の豊かさはそれが当を得ているかどうかは別にしても数段増している。

今回「神話・民話」が取り上げられているのは、そこに特段の意図や意味があってのことではない。もともと筆者は以前から「神話」と「民話」に馴染んでいたが、それは単に関心があったという程度のことである。筆者にとって「神話」や「民話」の根源のありようがこれまで確かなものとしてとらえられたことはいまだかつて一度もない。したがって本書での進み行きはこの謎を追うものになるはずだが、そうかと言ってそのことが主たる目的ではなく、引き続き「直感」概念を問うことが本来である。

「神話」や「民話」への問いに直感が絡むとき、「神話」であれ「民話」であれそのありように少なからず変化が生じることがありうる。「神話」や「民話」が今ここにおいてどのようにあるかもまた問われるからである。「神話」や「民話」はもはや単に昔の、古代の、原始のそれではなくなりうる。そのように問う直感がそれらを今ここに生き返らせることがありうるからである。ましてや「直感」への問いが前面に出ることが本来であるとすれば、なおさらそうである。このことを換言すれば「現代における神話や民話とはどのようにしてありうるか」と最終的に問われるかもしれないし、そのように今ここで述べること自体すでにそのことを問うていることの明かしであるかもしれない。実際すでに「事」はこうして始まり、ここでの「事」はすでにして「神話」や「民話」に染まり始めている。

二〇一二年六月

著　者

直感の原型――「神話」と「民話」――

目次

第一部　理論編——直感の原型——

第一章

伝承と直感

伝承には「口頭伝承」と「文字伝承」がある。その共通性は言葉であるが、絵によっても伝承は可能である。現にさまざまな形で古代や原始の絵が現代にまで伝承されている。これは「描く」と「見る」によって成り立つ事象であり、そのありようを時間が演出している。直感との関係で言葉が伝承を問うときの最重要事項は言葉自身であるが、「古代の絵」と述べる言葉自体のうちにも何かしら「直感らしさ」が漂い出ている。たとえば、言葉の発展形態として絵文字（絵画による意思表示）がある。象形文字はその果てに現れてきたものであろう。文字には絵の要素が潜在している。絵にとっての本質である「見る」が文字にとっても本質として属している。その証として非「見る」を意味する「話し言葉」が口頭として伝承を引き受け、その発展形態が一つには絵文字となり、いま一つには文字となっている。その必然として文字による伝承が浮上してきている。

これら「絵文字」から「文字」へ、「口頭」から「文字」へという二つの変化の進み行きは、互いに複雑な様相〈循環性〉を示している。「絵としての形象」から「文字としての形象的言葉」へという進み行きは、形象に限れば「絵文字」を媒介として「絵」から「文字」への進み行きとなり、その〈形象性〉は後退的である。他方「口頭としての非形象的言葉」から「文字としての形象的言葉」へという進み行きは、形象に限れば言葉を媒介にして明らかに前進的である。この二種の進み行きは、直感における空間と時間の複雑な関係のありようを示している。「絵」のもつ

〈空間性（形象）〉は「文字」のもつ〈空間性〉および〈時間性〉を媒介にして、「口頭」のもつ〈時間性（言葉）〉へと通じているととらえられるが、言葉に限れば「口頭」から「文字」へという進化とは逆の進み行きとなっている。

また「言葉」と「絵」の関係で伝承のありようを見れば、一方に「口頭としての非形象的言葉」から「文字としての形象的言葉」への変化（実際の伝承形態の進み行き）があり、この変化に並行して「絵としての形象」による伝承の進展が寄り添ってある。この「絵」による伝承の進み行きは「言葉」による伝承の進み行きとは、互いに循環や重畳があるにしても独自のものである。その場合の循環や重畳とは単に絵文字のありように限られるものではなく、たとえば源氏物語における挿絵のありようは、「文字」と「絵」は互いに補完し合うようにして伝承を助けている。しかも、そこにおいて物語は原初の伝承形態としての口頭が語り手である紫式部の心に潜在的にあって、その顕在化が平仮名（音と形の融合）としてあり、さらに現代まで続く平仮名の〈漢字化〉が本来的に古代にあった漢字の〈平仮名化〉への逆転的進み行きとして起こっている。口頭としての「非形象的言葉」から文字としての「形象的言葉」への変化は、単に想定される進み行きではなく現実に起こっているものである。現にここでの文章の進み行きでは平仮名で書くか漢字で書くかは校正上の統一的問題としてあり、直感は平仮名と漢字の間で働きつづけている。

伝承と絡む言葉のありようの変化や進み行きは極めて微妙なものである。それを演出しているのは〈時間性〉と〈空間性〉の二要素である。言葉は勝れて時間的であるが、また同時に勝れて空間的である。このことを換言すれば、言葉は勝れて歴史的であるが、同時に勝れて社会的であるということになる。このことは直感にとって本質的な意味を含んでいる。ここで漢字と平仮名に限らず西欧のアルファベットを取り上げてそれらの互いの特異性を指摘しておくことは、言葉にとっての〈歴史性〉と〈社会性〉を最大限に拡大する意味で重要であり、また有用である。

漢字と平仮名については前記したとおりだが、アルファベットのありようは漢字や平仮名とは違って、文字としては〈記号的な空間性〉を際立たせており、話し言葉として新たに音声が際立たされている。その点は特にフランス語において特徴的で、そこでは音声は言語上の命である伝承（個的であれ、社会的であれ、歴史的であれ）と並んで重要な要素となっており、フランスの詩人の言語感がそのことを如実に示しているほか、シャンソンの歌謡においても特徴的である。言葉の持つ〈音楽性〉を詩の根本ととらえたマラルメを一人挙げておけばそれについて用は足りる。

他方、文字としての言葉を考慮すれば、フランス語では漢字や平仮名のような〈形象性〉よりも前記の〈音声性〉に加えてさらに〈色彩性〉が浮上し、これについてはやはり詩人としてアルファベットの母音の色を主題化したランボーを挙げておけば用は足りる。フランス人の論理的思考の特徴は一般によく指摘されることだが、それを補うようにして詩の領域で〈音〉と〈色〉が強調されていることは直感にとって興味深い。その場合の言語のありようでは「理」と「情」が共存している。ともあれ、言葉において「時間性（非形象性）」と「空間性（形象性と色彩性）」は本質的な働きをしている。とりわけ直感にとってはそうである。その二要素の組み合わせが言葉のありように直接関わっており、前記したように言葉の歴史的発展のこととなれば、このことを無視して論を進めることはできない。

事を〈形象性〉に限れば非形象から形象への進み行きが第一だが、〈形象性〉に〈色彩性〉を加味すれば事はとたんに変わり、進み行きは非形象から形象へと逆転する。天才詩人ランボーがアルファベットの母音の色の発明を思い立ったのは単に詩人の気まぐれではなく、詩の言葉に命を与え循環と重畳が可能になることへの熱い思いがあってのことであろうと推察される。詩人は直感を命とするからである。言語や絵による伝承を主題化すれば「歌う」や「語る」や「書く」や「読む」や「見る」が現実のものとなり、それぞれのありようが「生きる」と不可分の関係にあることからすれば、その「感じる」は単に身体的感覚にとどまらず、ある種の「余剰」や「残余」のありようが求められる。直感論ではそれを「情覚」と名づけている。以上のように話し言葉から文字への進み行きは〈時間性（非形象）〉から〈空間性（形象）〉への進み行きととらえられ、形象的言葉としての文字のもつ「時間性（言葉の意味）」と「空間性（文字の形象）」がその鍵を握っている。

前記のような「言葉」にまつわる形態的変化と並行的関係にある「絵としての形象性」については、直感を主題化する際に特段の注意が必要である。「絵」には「絵物語」という言葉が寄り添う。その絵が漫画のありようを示せば、現代の漫画や時代の最先端の映像が名乗り出てくることになろう。「物語」はそのようなありようにとっては不可欠であって、「物語」は「もの」を語ることであってみればそのありようは本質的には〈空間性〉ではなく、〈時間性〉である。「文字」から「絵」への進み行きには「文字」としての〈空間性〉から「物語」としての〈時間性〉への進み行きが潜在している。そこでは、一方で「口頭」と「文字」が交差し（言語様式の循環的変化）、他方で「文字」と「絵」が交差する（形象様式の循環的変化）。その全体的変化はある一つのありようの〈時間性〉から他の一つのありようの〈時間性〉への進み行きととらえることも可能である。「文字」が鍵を握りその媒体として働いているととらえられる。その際、その事象に〈循環性〉の内在をとらえておくことが肝要である。

古代における口頭伝承は現代の映像伝承へと「物語」を鍵概念としてつながっている。ここにおいて浮上してくる鍵概念は「物語」である。伝承は「物語」を指し示し、直感がやはり「物語」を指し示している。その鍵を握っているのが〈時間性〉である。この事象の内では〈空間性〉の影は極めて薄い。このことは直感にとって何を指し示しているか。古代や原始においても「物語」はあり、それは「神話」と呼ばれた。その対極として現代があり、さまざまな視覚・映像文化があってさまざまなありようの「物語」を生み出している。その最先端ではコンピューターのインターネット上で「オンラインゲーム」が歴史的最先端の「物語」として「人間」が「人間」によって生み出されている。しかし、そこでは〈伝承性〉は極めて乏しくなり、むしろ〈消去性〉が特化され、存在は非存在へと転落し、それ自体が極限としての〈時間性〉を特化する。原始・古代の神話が現代の神話と交差し、原始人、古代人が現代人と出会っている。口頭にせよ文字にせよ、伝承がこのようなことを可能にしてきた。その際、そこで働く直感とはどのようなものなのであろうか。直感とはまさに〈時間性〉であるとすれば、現代に浮上してきている〈神話性〉を特徴づける〈時間性〉はどのようにしてあるのか。そして、直感の核としての「意」は意味として、また意図としてどのようにあるのか。そして「意」のさらなる本質である「生きる」は、現代においてどのようにしてあるのか、あるいはあるべきなのか。本論はこのような問いからおもむろに始まることになる。

第一節　口頭伝承と直感

直感論的に述べれば、伝承とは「伝える」と「受ける」から成り立つ循環と重畳の事象であると、とりあえず伝承の対象を不問のままにして述べておくことは可能である。だが、直感を主題化する場合には、さらに、まただちに付帯条件が必要である。「伝える」と「受ける」の主体を人間の自己（この表現自体にもまた循環と重畳が属している）であると限定し、直感における本質は「意」であり、「意」とはあえて言えば「生きる」であることを考慮すれば、この「生きる」を直感に関連して規定すれば「生きる物」における「生きる」であって、ただ単に人間の「生きる」に限られるものではない。直感はそのすべてに属して働いている。たとえば、鳥は鳥同士で「伝える」と「受ける」をその鳴き声によって行っている。したがって、「伝承と直感」と述べることの根源的意味は単に人間のことではない。伝承を口頭伝承に限ればその主役は音となり、「発する」と「聞（聴）く」が前面に出る。その典型的なありようこそが鳥の声である。鳥の声にも、そこに直感のありようをとらえようとすれば「意味」と「意図」が属している。声を発することによって伝えるのは、人間の言葉同様に「意味」である。また、そのようにしむける口の開きや喉の緊張の「発する」ありようには人間の「話す」と同様に「意図」が属している。このような伝承の要素としての「音」のありように「言葉」が絡んだときに、その直感はいかにも人間らしいものとなる。この言葉は「話す言葉」となるが、直感として「意味」と「意図」は引き継がれ、それらが「意」として直感を支える。そして、その「音」が言葉であるかぎりにおいて、その直感は人間特有のものとなり、その主体をあえて「自己」と呼ばなければならなくなる。そのありようは人間の「生きる」と密接なものとなる。生まれて間もない乳児でさえ、その泣き声に「意味」と「意図」を忍び込ませていて、言葉の原型をそこにあらしめている。この泣き声は鳥の鳴き声とは違っている。そのどちらもが「生きる物」の生きるありようだが、乳児の母親は人間であり、その「自己」が乳児を育て、扱うかぎりにおいてその発する「音」には言葉が属していて、意味と意図を担っている。そしてそれが母親の直感のありようとすれば、乳児にもまた重畳と循環の作用を経て「意味」と「意図」が伝えられる。これこそが口頭伝承の人間的根源のありようである。

伝えるためには伝える何かがなくてはならい。

この命題は一見して真理に見える。だが、直感にとってはそうではない。直感にとって「伝える」は「伝える」として独立している。前もって何かがあるにしても、直感にとってそれがすべて伝えるものではありえない。「伝える対象としての何か」があることが時間的に先のことであり、「伝える」はそれに付随する、つまり時間的に後のことであるというのは、おそらくその主体としての人間の「生きる」、つまり「自己」に限られるものであろう。たとえば鳥にとっての「口頭伝承」である「鳴く」は、その意味と意図は一つになってあり、意によって成り立つ。根源的直感がそこで働いているとすれば、これは自明である。そこにある「伝える」は意としてあり、伝える何かは「伝える」と一つになっているととらえるのが適切である。ましてやそこで言葉が働いているのでないことからすればいっそうそうである。言葉には意味が本質的に属している。意図はどちらかと言えば付随的である。意味は言葉の内にあり、意図は言葉の外にあるととらえられる。内と外が一つになって意が直感を成り立たせている。人間の「自己」にとっての口頭伝承はそのようにしてあるととらえることが肝要である。その鍵を握っているのが言葉である。この場合、言葉は話し言葉である。日本語の「口頭」という書き言葉にある「口」がそのことを指し示し、「頭」の方は意味を指し示している。この「意味」は人間の「自己」に源をもっている。それが鳥との明らかな差異である。だが、そのどちらの場合でも働いているのは直感である。以上、伝承を個としての「伝える」と「受ける」に焦点を合わせて思惟を展開してきたが、「伝承」と言えばその意味はむしろ歴史的なものであり、個としてのそれを単に意味するのではなく、人間あるいは人類のそれを意味するのが一般であろう。そのことはすでに例示した鳥の場合に「伝承」という言葉から〈歴史性〉の要素が消えてしまうことに明らかである。鳥における「伝える」と「受ける」は個としての鳥同士のものであり、その鳥の群れにリーダーである鳥が生まれているかぎりにおいて集団が生まれ、その場合の「伝える」と「受ける」は〈社会性〉を帯びる。だが、そうであってもその「伝承」にはなお〈歴史性〉は希薄であるか、ないに等しい。このように鳥における伝承のありようが〈歴史性〉を帯びるためには〈社会性〉が前提とされるが、直感にとってはそれのみでは足りず、そこに〈時間性〉が〈集団性（社会性）〉とともに属しているのでなければならない。その上で始めて鳥における伝承概念は意味をもつが、それでもなお直感にとっての〈歴史性〉を語るのであれば条件不足であって、このような事象については「本能的伝承」と呼ぶ必要がある。端的に述べて「本能的伝承」においては〈言語性〉が欠落する。とりわけ話し言葉の発展形態としての書き言葉の〈言語性〉は「文明的進化度」が「本能的伝承」と相容れない。

このように「伝承」概念については「本能的伝承」と「言語的伝承」を区分する必要がある。あるいは逆に「言語的伝承」の根源には「本能的伝承」が含まれていることを特記しておく必要がある。伝承における〈言語性〉は微妙で複雑なありようをしている。直感との関係で伝承を問う場合に前記のことが特化されるが、その事のありようの真正さはなおそれのみでは足りない。本章の冒頭で述べたとおり言語のみが伝承の媒体になるのではなく、絵（映像）もまたその任を引き受けるからである。換言すれば伝承とは単に「話す（聞く）」、「語る（聴く）」、「書く（読む）」に限られず、それは「描く」にも広がり、さらに「造る」や「表す」や「踊る」へと発展する。それらにはいずれも「見る」が対応している。これらさまざまなありようの伝承は、後に形（物）として〈残るもの〉と〈残らないもの〉の二分に集約される。直感はいつでも「見える」と「見えない」の間で揺れ動いているから、この二分は重要である。それこそがまさに循環であり重畳である直感のありようである。直感の対象が〈見える〉と〈見えない〉との間で揺れ動く事象はそれ自体複雑さを含みもつが、それは直感の本来的な複雑さである。「見える」、「見えない」はもともと直感の本質としての意のありようが「意味（〈言語性〉）」と「意図（〈身体性〉）」を含みもつことと関連している。

文字伝承については次節で改めて取り上げるが、前記したとおり伝承には「見える」と「見えない」が本質的に絡んでくることについてはなおあらかじめ点検しておく課題がある。すでに述べたとおり話し言葉と書き言葉〈文字〉を仲介するように絵が鍵としてあり、その「見える」ありようは「見えない」ありようを際立たせている。話し言葉は書き言葉へと変わりうるが、絵は絵であって、その代用となる「見えない」ありようはない。絵は「見える」を本質としているからである。あえてそのようなアナロジーを探そうとすれば、夢や空想が浮上する。だがこれら夢や空想は「見える」という本質から逃げ出ることはできず、多かれ少なかれ「見える」がそこにある。その対象の質に変化があるにしてもそうである。他方、話し言葉はどのようにしても見えないことは自明である。話し言葉の本質は「話す」であり、それに付随する「聞く〈聴く〉」である。だが、その「話す」の内容によっては、そこに「想像する」が忍び込む可能性はある。この想像は前記の夢や空想における「見える」につながっている。この〈連続性〉をここでとらえておくことが必要である。直感の循環と重畳のありようがそこに現れている。このような文脈に改めて「伝承」概念を近づけてみれば、そこに本節の主題となっている口頭伝承について何が見えてくるか。口頭によって伝承は何を伝え、何を受け取るのか。話し言葉は意味を伝えるし、書き言葉〈文字〉もまた意味を伝えるとして、その差異はどのようにしてあるか。この問いを解く鍵が〈絵〉であると指し示されている。すでに述べたように〈絵〉もまた伝承する。たとえばアルタミラの洞窟の壁の天井に野牛などの動物の絵が描かれて現代に伝えられている。この述べ方は歴史的〈時間的〉経過を前面に出した言い方だが、そこに現代人がその絵を見るとき〈時間性〉を消し去るようにして〈空間性〉を特化する。現代人でなくともよい。万年単位の前に生きていた人間がこれらを壁に描き、他の人間がそれを見たにしても、そこに別の種類の伝承がある。このことにおいて浮上する二種類の伝承のありようの差異とは何か。これは紛れもなく現代の直感が直感に向けて問う私という筆者の「自己」から発する問いである。このような問いが今こうしてここで進行している。私は百科事典を開き、その絵を見る。そして、その解説を読む。ここには私の「見る」があり、そこには百科事典の挿絵としての絵に野牛の姿がある。伝承とはとりあえずこのことである。万年単位の時間的距離をはさんで今こうして伝承が成立している。それを見る前と見た後では私の心に特徴的な変化が起こっている。単に「見る」がそこにあるのではなく、伝承と直感の関係を問いつつ私は見たのであり、その際の伝承と直感のありようが現実のものとして私にとらえられたからである。その鍵は私の「自己」が握っている。絵はいつでも単に見られるのではない。当然のことながらそこには見る人がいて、見る動機（意味と意図）があり、百科事典を運んできてページを開き、行動を始めることによってここでの「見る」はここでの「見る」にふさわしいものとなった。伝承はこの現代においても「意味」と「意図」がなければ成立しない。そして、このことは万年単位の前の人間が洞窟の壁にその絵を見ることにおいても本質としての差異はないであろうと直感も働く。なぜならその絵を描く人は少なくとも同時代の人間の「見る」をあてにしていたと直感にはとらえられるからである。このことの内に万年単位の〈時間性〉の推移が直感には感じられる。それが先刻、百科事典を開いて私の「自己」が働かした直感のありようである。〈時間性〉がこの場での鍵を握っている。このような〈時間性〉は私の「自己」と共に働く〈時間性〉である。その際の〈空間性〉はそのような〈時間性〉の内に紛れてしまっている。絵の本質は〈空間性〉であるはずなのに、主客の転倒により浮上した〈時間性〉がすでに述べた伝承における〈歴史性〉に変身している。絵はそのようにして伝承される。伝承において時間性は本質的な働きをしており、伝承事象のありようそのものが時間性を含みもっている。絵に限らず言葉においても同じである。口頭であれ文字であれ「伝える」と「受ける」から成り立つ二つのありようの「生きる」がそこに属し、「生きる」の本質としていつでも時間性が働いている。絵の伝承が「描く」と「見る」から成り、それが「伝える」と「受ける」を成り立たせ、その「生きる」の本質として時間性が働いている。〈口頭〉と〈絵〉の中間に〈文字〉があってそれぞれの伝承のありようをつないでいるが、それを演出しているのが時間性である。時間性は単に個々の「伝える」と「受ける」の間にあるだけではなく、その二つのありようをまたぐありようでもう一つの時間性（歴史性）が働いている。口頭伝承の場合には、その時間性は「話す」と「聞く」の現在（「生きる」）に偏り、過去性と未来性が潜伏したありようをしている。他方、絵伝承の場合には、その時間性は「描く」の現在（「生きる」）と「描く」の過去（「描かれた」）に二分され、未来性は欠落し、その代替のようにして絵として未来に向けてありつづける。絵は過去、現在、未来に偏在し、歴史的ありようを示す。文字伝承は口頭伝承と絵伝承の中間的ありようをし、「話す」を「書く」に代替し、その時間性は「書く」の現在性（「生きる」）を潜在させて「文字」となり、「書く」の過去性（「書かれた」）を身に纏い、未来性は欠落し、その代替のようにして文字として未来に向けてありつづける。口頭伝承における「話す」は、絵がいつでも空間性とともにあるのとは対極的である。口頭のありようは常に時間性とともにあり、それが「話す」と「聞く」の実体となっている。また、口頭伝承における「話す」は、同じように言葉である文字がいつでも空間性とともにあるのとも特徴的な差異を示している。言葉として同じ意味を担いながらもそうである。口頭における言葉の意味はその時々で消えてしまい、意味はもともと非存在としてあり、時間性とともにある。同じ言葉を幾度繰り返してもそのありようが変わることはない。口頭にとっての言葉の未来は、他者がその言葉を繰り返すか、機械で録音する以外にはない。録音した場合でも、そこにはもはや「生きる」はない。その代替を文字が引き受け、文字伝承へとバトンタッチする。だが、文字伝承において時間性が消えてしまうわけではない。その点は絵伝承と同様である。万年単位の時間差で私が百科事典のアルタミラの洞窟の壁の野牛の絵を見たように、口頭伝承の内容としての話は過去から現在や未来に甦らないわけではない。歴史的にその方法さえ発見されれば、その伝承内容は録音機を通して再現されうるし、それぞれの歴史性において時間性は脈々と生きつづける。口頭と絵における伝承方法の差異は、前記の点について特徴的な差異を刻印する。口頭伝承は「話す」音として特徴化し、絵伝承は「描かれた」絵として特徴化する。「話す音」は単に現在性としてしかありえないばかりか、それが録音されるのでなければ現在にはもちろん過去にとどまることもできず、また未来につながることもできない。代替者が文字を読むにしても、また本人の声を録音するにしても、それは「生のもの」つまり本人の「生きる」そのものに直結するものではない。他方、「描かれた絵」は描かれた絵として現在性とは無縁であるし、「描く絵」としての絵は一瞬たりとも一つの現在性にとどまることができないありようをする。絵のもつ空間性が時間性を排除するように働くからである。だがアルタミラの洞窟の絵のように歴史的に空間として残ることは可能であり、そのありようは前記の口頭伝承のありようとは対極的なありようをしている。絵は古びるにしても生のまま現在に、未来にありつづける。端的に言って、口頭伝承における言葉は、絵伝承における絵とは対照的に〈時間性〉が〈空間性〉を排除する。これは本質的に〈時間〉が人間にとって「見えない」に属していることを示し、また〈空間〉が「見える」に属していることを示している。だが、そこに直感が絡むとき、そのありようは単純ではない。直感は「見えないもの」を意味としてとらえるし、逆に「見えるもの」の意味を没し去りもするからである。直感の核としての〈意〉にとっては「見える」と「見えない」のありようはいかようにも変化する。人間はそのような耐え難いあいまいさから逃れるために文字を発明したのかもしれない。それによって直感にとっての意味のありようが変化したのも必然である。あいまいであった意味は「確かな明らかさ」と「不確かなあいまいさ」の二つのありようを含みもつことになる。直感論では前者を「意味A」と呼び、後者を「意味B」と呼ぶ。このことと伝承との関係がどのようになっているかを次節で問うこととする。

第二節　文字伝承と直感

文字とは「書かれた言葉」のことである。その言葉がどのような言葉であるかは問わない。その代償のように「言葉とは何であるか」が問われる。これについては前節で「話す言葉（口頭言語）」として相当程度に思惟された。だが、それは「話す」との関係のことに集約されていた。言葉が「文字」と呼ばれるとき言葉は本質的な変化を被り、「話す言葉」と「文字」とでは本質的な差異が生ずる。その証はすでに「話す言葉」と「書かれた言葉」と表現すること自体のうちに見いだされる。このような表現は前節で自然に浮上した述べ方だが、おそらくそれは当を得ているはずである。「話し言葉」を「話す言葉（現在形）」と言い、「文字」を「書かれた（過去形）言葉」と言うそれぞれの表現をここで互いに逆転させてみよう。「書く（現在形）言葉」と「話された（過去形）言葉）」。この二つの表現はどこか座りが悪い。「書く言葉」はそこに現に存在しないありようを示している。このように表現される言葉は現存せず、実体がない。「書く」が「書かれた」になって始めて言葉は文字として現存し、実体をもつ。「話された言葉」の方はどうか。やはりこの「言葉」も現存しない。「話された言葉」はもはやここになく、見ることも触ることもできない。「話す言葉」となって初めてそれらしい実体が現れてくる。それでもなおあいまいなのは、「話す言葉」自身があいまいさを含みもっているからである。その実体になお近づきたいのであれば、「話しつつある言葉」とするよりない。このことは、あらかじめここで何か意図があって述べたものではない。それは前節の思惟のうちに浮上してきた事柄を改めて「文字」に焦点を据えた結果、本節の導入の文脈のうちに自然と生まれている。端的に述べて「文字」は〈過去性〉になじみ、前節で思惟したとおり「口頭」は〈現在性〉になじむことが再確認される。だが、直感を絡めればそのように単純にすまないであろうことも早々と感じ取れる。文字は何ゆえに〈過去性〉となじむのか。文字の本質が「見える」にあるからか。前節でみたとおり絵もまた「見える」を本質としている。その点は「文字」以上にそうである。「絵」は文字どおり「見るもの」であるのに対して、「文字」は「見るもの」ではなく「読むもの」である。「文字」は「読む」を本質としている。このことからすれば、すでに述べた「書かれた言葉」とは「読まれる言葉」のことである。ちなみに「書かれる言葉」は「読まれるだろう言葉」である。さらに換言して「書く言葉」はどうか。この表現では「言葉」の実体が宙に浮く（抽象化する）。それでは「書きつつある言葉」はどうか。今現にここに、「書く」ではないにしてもその代替として「キーを打つ」が進行している。「キーを打ちつつある言葉」は今目の前のコンピューターの画面に現れつづけている。そのありようを「書きつつある」とすれば、その行為に続いてその気になれば「文字」が「読む言葉」となって画面にある。だが、それが可能であるのは私自身が今現に「書き（キーを打ち）つつ」あって、それに合わせて「読む」ことによってである。ここには私の「自己」があるだけで「他者」はいない。ただ「他者」の「自己」は私の「自己」と組んでここにありうる。前節で思惟したように「話す」が〈現在性〉に集約したありように似て、ここで現に進む「書く（キーを打つ）」は〈現在性〉に集約されている。

現に今、文字はこうして次々と画面に生まれつづけている。この場は、私の「自己」が私の内の他者の「自己」に向けて文字伝承を行う現場となっている。直感にとってはそうである。思惟とは本質的に伝承である。思惟するかぎりにおいてそうである。このことを前節で取り上げた鳥の場合に移行させれば、鳥においては文字はもちろんのこと思惟自体が欠落するから、そこにはここにあるような伝承はありえない。鳥が一羽で鳴くことがあるとすれば、それは単なる伝承の願望であったり余韻であったりするにとどまるものであろう。それらは本能的伝承の余剰である。鳥もまた情覚があるとすればそうである。

文字伝承はそれが「書く」と密接していることから、ここでの思惟は「書く」の現場である現在性としてのこの場に引き寄せられた。そこに現れている伝承のありようは、私の「自己」が私の内にある他者の「自己」への伝承のありようであった。だが、この他者が本来の他者につながっていること（「重畳」と「循環」）はこれまでの直感論で確認済みのことである。そこを基点として伝承は果てしなく広がる可能性が含まれている。このことからすれば、「書かれた言葉」とは単に過去性に縛られているだけではなく、無限に広がっていく可能性も含んでいる。時間的にもそうであるが、空間的にもそうである。この過去性は未来性と裏腹になっている。「書かれた言葉」つまり文字は時間的広がりと空間的広がりを一つにしており、それこそが文字における伝承のありようであると分かる。時間的には「歴史性が前面に出たありようの伝承」となり、空間的には「社会性が前面に出たありようの伝承」となる。ここで伝承を「歴史伝承」と「社会伝承」の二分を特化しておく。直感はその両面でいつも伝承と関わっている。文字伝承は現に今この思惟の展開のなかにあって、それ自身を現しつづけている。すでに確認したように一見過去性になじむととらえられた文字は伝承として現在性になじんで、実際今こうして伝承が進行しつづけている。ここには私一人しかいないのにそうである。このことは直感にとって重要である。これもすでに確認したとおり伝承とは「伝える」と「受ける」から成り立つ行為であったし、それは本能的伝承であれ一般的伝承であれ、また口頭伝承であれ文字伝承であれ変わりがない。だが、ここで扱う文字伝承はそのことに異議を唱えるかのように、今現にここで行われていることこそ明らかな確かさとして文字伝承のありようとして示されている。まさにこの場が直感の働く場として適切だからである。この場は紛れもなく直感が直感を分析する場であり、この直感が二重にも三重にも働くこの場に伝承のみならず文字伝承があるとすれば、その事象のありようとこの場ではっきりと向き合わなければならない。ここには私一人しかいないのにもかかわらず、少なくとも文字伝承が成立しているのはどのようにしてなのか。ここには思惟しつつワープロを打ちつづける私がいて、現に文字が画面上に生まれつづけている。文字が生まれるのにはあとは印刷して紙上のものとなれば完結する。そのあとにはそれが読まれるかどうかが問題として残るだけである。そのことを不問に付すれば、ここには文字伝承がある。

文字伝承にとって肝要なことは「書く」である。「書く」の内に文字伝承が含まれている。そのうちに「読まれない」がありうるにしてもそうである。文字は一般に「読まれる」が期待されて書かれるからである。では、「話す」ではこの点はどうなっているか。問いはそのように変わる。「話す」においては前記の点は本質的に違っていて、その場に他者がいなければ伝承はありえない。すでに確認済みのとおり「話す」はその場で消えるからである。「話す」が「書く」に移行しないかぎり、そこに伝承は成立しない。そうであるとすれば、前節で論じた口頭伝承とは何であったのだろうか。それは単なる「話す」ではなく、また単に「話す」と「聞く」の二つがあるだけでも足らず、「話し継ぐ」がなければならない。このことが口頭伝承の本質である。この一般的な「話し継ぐ」のなかに、すでに述べた「個と個の間の伝承（話し継ぐ）」が含まれている。この点は、文字伝承では違っている。そこに「書き継ぐ」という条件は必要ではない。代わりに「読まれる」が必須条件になる。だが、文字は「書かれた（過去）」があれば未来につながる可能性が保証されている。これが文字伝承の現にあるすがたである。だが、それは文字伝承の条件を示しているだけであって、本質ではない。その本質は文字伝承自体が「書く」そのものによって完結していることの内にある。「書く」は他者があってこそ成立する。「話す」の特殊性として「独り言」があるようには、「書く」

には「独り書き」はない。「話す」は「気を外に吐き出す」ことのうちに成り立つ可能性があり、それが独り言のありようを保証している（鳥の鳴き声、本能的伝承）。だが、「書く」にはそのような保証はない。「書く」は常に「見る」が重なっていなければ成立しない。つまり、内と外の二分があって、内として「書く」があって、外として「見る」がなければならない。それが文字のありようである。だが、前記のことは単に事象のありようを見たまでのことである。話し言葉でも同じだが、文字には意味が含まれている。この文字は単に絵のような「見る」の対象でないばかりか、言葉として・文字（形象）としての「見る」の対象であり、意味はその裏側に隠されている。その意味をとらえる人がそこにいるのでなければ文字は「書く」としては成り立たない。絵は絵として「描く」によって成り立つが、文字は文字として成り立つためには「書く」のほかに「読む」がなければならない。そこに「書く」と「読む」が同時になければならない（他者の必要性）。文字伝承が今現にここで起こっているようにそれが「書く」のみで完結しているのは、単に書かれた文字が将来読まれる可能性を含んでいるだけではなく、「読む」が現にここで同時に進行していることによっている。それがここにある伝承の本質である。それが文字伝承と口頭伝承の本質的な差異となっている。前節でみたとおり文字伝承が口頭伝承と絵伝承をつないでいるという特徴は前記のさらなる特徴を招いている。文字伝承では時間性と空間性が同時進行している。換言すれば、文字伝承では「時間的広がりとしての歴史性」と「空間的広がりとしての社会性」が一つになっている。それは口頭伝承が現在性に縛られるのとも違っているし、また絵伝承が過去性や未来性に縛られるのとも違っている。すでに確認したように文字伝承はその両者をともに自らのものとして含んでいる。このことを換言すれば、それはまた「内」と「外」、「実存（生きる）」と「存在（ある）」、「歴史学」と「社会学」、「文学」と「科学」などそれぞれの一体性を指し示している。そして、そのそれぞれが直感のもつ特徴ともなっている。現に今ここで起こっているような文字伝承は文字伝承の本質的なありようを示しているが、それは必ずしも一般的なありようのものではない。すでに述べたように私の「自己」に加えて他者自己を必要とし、しかもその他者が現実の他者ではなく、「自己」に対する「他者」であり、しかもそのような「他者」としての「自己」が他者自己として問題となっている。端的に言って、そこでは他者とも言えず自己とも言えないものへの伝承が内的に起こっている（直感のありよう）。文字伝承と言えば、一般的にはすでに口頭伝承があってその内容をそのまま文字化するのが実際であろう。その典型は講演内容をそのまま文字に起こす場合である。その果てで機械の進歩により「話す言葉」がそのまま文字として変換されることも実際化し、そこでは「話す」と「書く」は一つになってしまう。この場合の文字もまた現にここで起こっている文字同様特殊であり、そのような文字伝承もまた特殊である。だがそれとても口頭伝承の文字化と重なるもので、その本質は口頭伝承が握っている。ここで特化しようとしている文字伝承は、現に今ここで進行しているありようの「書く」である。ここではたまたまワープロのキーを打つこととなっているが、本質的にはそれは「文字を書く」、正確に言えば「文を書く」である。文字伝承の本質的特殊性はこのことの内にある。これをここで「純粋文字伝承」と特化する。前記したように口頭を前提としない「文を書く」であり、そのようなありようが結果として文字伝承となっている。文学の発生はこのことの内にあるととらえられる。「純粋文字伝承」の作物が詩、物語、小説などの作品としてあり、それらを研究するのが文学である。

以上述べてきたとおり伝承にとって言葉は「意味と関係する何かあるもの」を伝える方法であり手段であり一種の道具である。その場合言葉には「話し言葉」と「書き言葉」があり、その伝承のありようが「口頭伝承」であり「文字伝承」である。その際伝承における「伝える」と「受ける」のそれぞれの対象の同一性と差異性を考える場合には、「絵」と「物」が言葉の内に潜在的にあるととらえられる。一方に言葉に内在する「絵」と「物」があって、また他方では「絵」と「物」は本来的に外在しており、それらが新たな鍵概念として浮上する。「絵」はもともと伝承手段として位置付けられているが、新たに「物」のありようと「伝承」との関係を問うと「絵伝承」が名乗り出てくる。絵画とは「物が描かれた物」のことだからであり、その場合の伝承は「物」と直結しているととらえられる。そのありようは「言葉」や「文字」とは違って直接的である。

すでに述べたように「絵」と近接的なありようをする「文字（絵文字や象形文字）」は、「話し言葉」に比べればより直接的である。このように「物」のありようが伝承における直接性と間接性の二分を支えているととらえられ、これら三種の伝承手段のありようそのものが直感のありように重なってきている。直接性は直感の本質であり、間接性は非直感（表象性）の本質である。また、表象性は言葉の本質であり、「話し言葉」にせよ「書き言葉」にせよ表象性はその共通項としてある。「話し言葉」は「見えない」という特質によって表象性が減じられ、逆に「書き言葉」は「見える」という特質によって表象性が際立つにしてもそうである。このことは「話し言葉」が直接的であり、「書き言葉」が間接的であることへと通じている。「話し言葉」では「音」が直接性として浮上し、「書き言葉」では「文字」が直接性として浮上する。前者の直接性は「音」としてあることから「見えない」の特質を演出し、後者の直接性は「文字」としてあることから「見える」の特質を演出する。「話し言葉」には「書き言葉」の「文字」に当たるものが「音」としてもともと属しているが、その際「音」は「見えない物性」を示し、他方「文字」は「見える物性」を示している。その場合「物」と言うことであればそれは「文字」の材質のありように制限されるが、「音」もまた「空気の振動」を意味するかぎりにおいて「物」の材質を含みもっている。

前記の文脈に沿ってみると、すでに述べた「純粋文字伝承」とは何であり、どのようにしてあるかが改めて問い直される。そのような伝承はどのようにして不純であることを免れて純粋でありえているのか。すでに展開した思惟によって、ここでの「書く」はそれが「キーを打つ」であるにしても「純粋文字伝承」であるととらえられた。「直感」が「直感」を分析するからである。また、一般に詩や物語や小説を書くありようの「伝承」もまた「純粋文字伝承」であるととらえられた。これらの「書く」が他の文字伝承とは違って「純粋伝承」とされるいわれは一体何であろうか（それが直接性のもつ意味であろうと想定される）。詩や物語や小説などの創造過程で直感が特徴的に働いていることは、すでに直感論で確認済みのことである。これらの創造活動が言葉を扱っているかぎりにおいて表象性を免れ得ないのは当然であるが、それはまた直感性なくしてはいっそう成り立たない。直感論では、前記のような営みにおいて表象作用は直感作用に含まれるありようをしているととらえられている。すでに述べた二項対立（「内と外」

「実存と存在」「歴史と社会」「文学と科学」）を敷衍して前記のことを換言すれば、「内性」に「外性」が含まれ、「実存性」に「存在性」が含まれ、「歴史性」に「社会性」が含まれ、「文学性」に「科学性」が含まれ、そのそれぞれの統合によって人間の「生きる一般」は成り立っているととらえられる。その「含み含まれる」関係の方向性は循環であるにしても方向そのものは逆ではない。二項のうち「全体性」に重なり通じているのは各項の前者、つまり「内」であり、「実存」であり、「歴史性」であり、「文学」である。後者の「外」、「存在」、「社会性」、「科学」はそれぞれの対となる前者を仲立ちにして「全体性」へと通じている。

表象は表象であって「部分性」を免れることはできない。表象性は直感性に含まれるありようでなければ「全体性」とは重ならない。換言すれば表象性は直感性によって部分性を保証され、それによって始めて「全体性」へと通じている。そう述べる場合の「全体性」とは「全体的全体性」のことであって、「部分的全体性」のことではない。表象のそのようなありようを直感が保証している。直感の要素である「自己」と「非自己」、非自己の要素である「根源」と「超越」それぞれの重畳と循環が表象の全体性への関わりを可能にしている。直感作用は本来、本質的に表象作用を内に含んでいる。「生きる一般」において「自己性」が「非自己性」を圧迫するなり抹消するなりしないかぎりそうである。現代世界ではこの二項対立の循環の方向性が逆転し、「自己性」の項のみが先鋭化する傾向が大きいことについてもすでに既刊本の直感分析で確認した。「純粋文字伝承」とは本来前記したありようを旨とする働きであり、「自己作用」が減ずるに応じて直感作用の純粋性は高まるが、人間の「生きる」においてはそれが「生きる」一般であることからすれば純粋性は必ずしも必要ではなく、重要なのはバランスである。これについては引き続き継続する稿で取り上げることとする。このような思惟内容の展開からすれば、「純粋文字伝承」とは、〈書き言葉〉であれ〈話し言葉〉であれ、はたまた〈絵〉であれ〈物〉であれ、その伝承行為の内に直感作用が働いているか否かが重要な目安となる。とりわけ、「書く」と「話す」とでは直感の働きようは微妙であり、見えないありようをする「話す」が必ずしも直感と直結しているとは限らず、また逆に「書く」は表象性を色濃くするから直感作用が乏しいとも一概に言えない。その行為主体の人間の特性によって直感作用の度合いは決まることは前記したとおりで、そのバランスのありようによる。これら二種のありようをする〈言葉〉とはまったく違ったありようをする〈絵〉や〈物〉の場合には、そのどちらもが「見える」と密接していることから表象性が強まるが、その伝承性のこととなればまた複雑である。それには「知る」や「触る」や「感じる」などが新たに参画し、それらと直感との関係を改めて取り上げてみなければならない。このことも後続の稿で随時触れることとする。ここでは〈言葉〉が伝承との関係でもつ特異性が、〈絵〉や〈物〉との関係でとらえられれば用は足りている。〈絵〉や〈物〉にとっては前記のように直接性は特徴的なありようをするが、〈言葉〉の場合には「書く」であれ「話す」であれ直接性は表象性と絡んで影が薄くなる。だが、直感の働きということであれば、言葉における直接性は重要かつ独特である。本書の主題である「神話」や「民話」ではその点はいっそう特徴的であろうとあらかじめ推察されている。

伝承としての言葉の本質は間接性であり、前記のように伝承として直接性を本質としている絵や物とは本質的に違っている。たとえばゴッホの絵を見たければ展覧会の会場に行けば直接実物を見ることもできるし、さもなければ画集を買って印刷であれ直接見ることは可能である。また、彫刻や仏像、歴史的建築物や遺蹟を見たければやはり美術館なり博物館あるいは遺蹟等の現場に行けば直接見ることができる。古代の物であっても可能である。これらはいずれも紛れもなく伝承である。絵であれ彫刻であれ、はたまた建造物であれ古墳であれ直接目にすることができる。これらの分かりやすさ、明らかさは伝承する方法と伝承する当の物とが一致していることにある。ここではおおむね「見る」があれば用は足りている。だが、言葉による伝承のこととなれば、その伝承される対象物は伝承方法と同一になれないばかりか直接的につながりもしない。その場合の「伝えられる〈あるもの〉」とは具体的なものもあれば抽象的なものもあって一概には言えないが、当然のことながら話し言葉であれ書き言葉であれその指し示す「あるもの」と直接結びつくことはできない。加えて「話す」には「話す」のありようの分かりにくさがあって、それが〈音〉として見ることも触ることもできず、そこにはあるとは言えないような〈音〉だけがあって、ほかには何もない。ここには差異性もないが、もちろん同一性もない。あえて言えば、音が〈無〉としてあって「あるもの」を指し示している。

しかし、考えようによってはそこに〈無〉しかないのは一つの僥倖であり、そこに「あるもの」をもたらせば同一性らしさが生まれる可能性がある。言葉の名詞のありようはその点ではっきりしていて、その名詞が物を指し示していればその物をそこにあてがうことができ、それなりの同一性がもたらされる。だがその指し示す「あるもの」が〈音〉として何もなければ、もはや伝承は不可能である。できることと言えば、その〈音〉を無視するか〈音〉を自分流のこだまにして返すしかない。だが、その場合の〈音〉とは言葉でありうる。原始的であれ未熟であれそこに対話が生まれる可能性がある。そのありようは「対する」と言うにはそっぽを向いているかもしれないし、「話す」というには通じてないにしても〈音〉に対して〈音〉を返すことは可能である。あとはそこに意味さえあれば足りる。〈音〉によって〈音〉につながろうとする意図さえあれば足りる。それはすでに述べた鳥と鳥が交わす本能伝承と類似のものとなろう。それを可能にしているもののことを直感論では「意」と呼び、直感の核と規定している。伝承する「方法」と伝承される「あるもの」との同一性は前記のありようをしているととらえられるが、その差異性もまた直感にとって重要である。ひきつづき話し言葉の例で考えれば、〈音〉としての言葉が「何かあるもの」を伝えようとし、聞き手になんらかの「意」が伝われば、前記したような単に無意味な〈音〉を返すだけではなく、「意」の含まれる〈音〉を返すことはありうる。その〈音〉は単なる本能伝承にとどまらず、そこにある「意」に意味や意図を含ませることもありうる。

人間における口頭伝承ということであれば、〈音〉に意味や意図を含ませることは乳児や幼児であってさえありうる。学童や青少年や成人であれば単なるこちらとあちらの同一性の事象にとどまらず、そのやりとりに潜む意味や意図に気づき、そこに差異性をとらえるかもしれない。伝承者の「意」に含まれる「異のありよう」をとらえ、その差異のありように新たな意味を付加して〈音〉を言葉として発するかもしれない。前節で思惟した口頭伝承における直感の働きの根源にはこのような事象が見て取れる。このことは文字伝承においても類似のありようで見いだされるであろう。ここには〈音〉のような〈無〉のありようはない。必ず文字がある。こちらは〈有〉の世界である。そこは字によって満たされている。そこに〈無〉があるとすれば〈字〉と〈字〉の間にある。あるいは言葉と言葉の間にある。言葉の意味も口頭伝承の場合とは違って比較的はっきりしている。〈音〉のようなたよりなさ、はかなさはここにはなく、〈字〉が意味を含みもってはっきりと目の前にある。だが、その意味のもつ質が〈音〉と絡む言葉の場合とは違っている。〈音〉はあっても見えないありようをし、〈字〉は現にあって見える。このことに直感を絡めると事態はなお単純ではない。〈音〉が見えないことはそのとおりだが、それがあるかないかとなればそのかぎりではない。見えないものがあるかないかは、それを聞こえるか聞こえないかに変えてみなければならないが、「聞こえる」は「見える」ほどには明らかで確かではない。心理学的にも、哲学的にもこの二つの感覚のありようは極端に異質であるばかりか、同等でもない。「見える」は見える事柄を圧倒的に明らかにし、確かなものにする。他方、「聞こえる」は聞こえる事柄を「見える」の場合のような明らかな確かさをもたらしてはくれない。「聞こえる」が何かほかの要素と結びついて始めて何かあるものが浮かび上がってくる（音楽、声音、言葉など）。その逆も真であって、「聞こえる」は「聞こえない」へと直接的に通じている。「見える」が「見えない」との関係でもつ直接性は「聞こえる」にはない。人間にとってはそうである。「生きる物」のうち人間のみが言葉によって「知る」を自らのものにしているからである。言葉や「知る」が「見える」を「聞こえる」を特化するからである。動物と共通する根源直感が、一般直感へと変容するからである。人間において「感じる」と一つであるはずの「知る」が、「感じる」を没し去ることがありうる。「見える」でさえそうであるが、「聞こえる」はいっそうそうである。「聞こえる」があるかないのか分からないありようをしているのは、人間に属する一般直感のありようによっている。このようなあいまいさを捨て去るためにこそ「書き言葉」としての文字が生まれているという事実を、直感は直感としてとらえておくことが肝要である。伝承を直感との関連でとらえようということであれば、このことは欠かせない。文字伝承を口頭伝承の延長線上にとらえるか、それともすでに述べたように純粋文字伝承をそれ自体で特化してとらえるかは極めて重要な事項である。前者において直感は動物にも通ずる根源的なありようを示すが、後者において直感は日常的、一般的ありようを超越するありようを指し示す。本書の主題である「神話」や「民話」、あるいは文学作品を直感との関連でとらえようとする場合にはこのことは極めて重要である。歴史の最終段階としての現代において純粋文字伝承を直感との関連で問うことの意味は極めて大きい。これについて次章以下で引き続き追うこととする。

第二章

神話と直感

日本語で「神話」と呼ばれている言葉の構成要素である「神」と「話」を、神話との関係で問うことから本章は始まる。「話」を「話す」に置き換えたとき、「神」はこの「話す」の主語であるのか目的語であるのか。換言すれば、「神が話す」なのか「神のことを話す」なのか。前者であれば、「神」のことはともかくとして「神」にとって「話す」は何を意味することになるのか。後者であれば、「神のことを話す」の主語のありようはどのようなありようをするのか。まずは前者の問いから考えてみる。ここにおける「話す」が言葉であることからすれば、その主語はこれまで論述してきたとおり人間であることが一般的である。「話す」という言葉自体が人間を招き寄せ、「話す」の内容としての言葉もまた同様に人間を招き寄せる。この文脈に「神」の入り込む余地は少ない。ここでは「話す」と「話」が問題となっていて、もともとそれは人間にまつわることである。ちなみに次章では「民話」が主題化されるが、その場合の「話」と「話す」は直接「民」に結びつく。「民」を人間の複数的ありようと考えればそうである。「人間」が話すのであり、「人間」のことを話すのである。この方はより明快である。それでは、神話において「神のことを話す」の主語は誰なのか。神なのか人間なのか、それともそれ以外のものなのか。単純に考えて「神」のことを話すのであれば、その主語は神のことをどういう形であれ知っている者でなければ不可能であろう。だが、その「話す」は「話す」であって、前述の場合と同様に「話す」という言葉自体が二重に人間を引き寄せている。実際、人間が神のことを話すとするのが一番通りがよいし、一般的にも当たっているように思える。その場合には、「人間」が「神のこと」を知っているかどうかが新たな問題として浮上する。そもそも神とは何であるのか。どうやらこれが本章の基本となる問いのように思われる。ただし、その問いは直感との関連で問うことが必要である。と言うより神自体が分かりにくいものであるとすれば、「直感」を本来の進み行きにしたがって中核に据えることが必要である。まずもって問われているのは本論にとっては一貫して「直感」である。直感は心の根本であると規定されるが、領域として「自己」と「非自己」の二要素から成り、働きとして「意味」と「意図」の二要素から成る。「要素自己」は「生きる主体」であり、他方「要素非自己」は「根源」と「超越」の二要素から成る。「意味」と「意図」は「意」を核として各要素間の「重畳」と「循環」を可能にする。このような直感のありようのうちにすでに「神」は「要素自己」に属しうるという命題がある。この「神」は万人にはあてはまらないにしても、「要素自己」の「生きる」にとって必要とされるありようをする「神」である。直感の核である「意」が「意味」として言葉の方向に「神」を指し示すことがありうる。現にここで展開している文脈において「神」という日本語がそのことを明かしている。それでは、一般的に述べて「要素自己」の行動を支える「意図」との関係では「神」はどのようなありようをするのか。「神のこと」を話すという「神話」のありようはこのような文脈のうちに置くことで新鮮なものとなる。第一にこの「話す」の主語が人間であること、第二にこの「話す」は「口を動かして言葉を発する」であること。これらのありようは直感の要素としての「自己」のみのありようではない。「神」という「言葉」は「自己」のものであるにしても、その「言葉」を「生きる」に重ねて循環させるには「自己」のみでは不可能であり、「非自己」がそのことに参画するのでなければならない。「神」の実体があるとすればこのことのうちに見えてくるはずである。つまり「根源」と「超越」の二つの方向に「神」という「言葉」ともどもその実体のありようがうかがえてくるはずである。「神」という「言葉」が現にありうることからすれば、そして今この論述の内でも、また本書の題名の内にもすでにその「神」という「言葉」があることからすれば、その実体もまたここでの文の進み行きのうちに見えてきてしかるべきである。「根源」としてにせよ「超越」としてにせよ、「神のこと」はそのようなありようのうちにありうる。すでに命題とした「神のことを話す」は前記のような文脈のうちに位置づけることが可能である。この「話す」の主語は人間であるが、前記の文脈のうちにとらえられる「人間」の「話す」は直感のありようをしていなければ不適切である。これまでの直感論や直感分析論に引き続き、本論もまた「直感が直感を分析する」のうちで事は展開する。実際「神のことを話す」はこの文自体における主語や述語が何であれ、またその意味と意図が現にここでどのように働いているかはどうであれ、すでにここでは文の展開は始まってしまっている。ここでの文章は神のことが分からないままに事は始まり、それについての言葉が生まれつづけている。「神話と直感」という本章の課題はこうして文として成し遂げられつつある。ここでは現に直感が働いているのみならず、「神のことを話す」がここに現にあって進んでいる。

神話とはいまだ分からないことをそのまま話すなり、語るなり、場合によれば書くなりするその内容のことと言ってもそれほど的を外していないであろう。「分からない」が神話の本質である。神話とは「分からない」を分からないままにして「話す」なり「語る」なり「書く」なりすることである。その主語に「分からない」が属しており、その客語にもまた「分からない」が属している。直感の根本機能である「意」がこのことを可能にしている。それは「感ずる」を本質としてあり、そのようなありようの「分からない」から「意味」が生まれ「意図」が生まれ、「生きる」が成り立っている。ある種の神話がそのようにして現代の神話としてここに生まれつつあると言ってもよいかもしれない。このように神話が神話自らを問うているありようのここでの文の筆者はこの私にちがいないが、それを可能にしているのは私の直感であって私の自己のみによるのではない。自己は非自己と重畳し、循環して時間と空間の壁の間を行き来して働いている。「神」の現れは今こうして言葉としてここにある。「神」のことを書く文の展開中の言葉として「神」が現れている。直感によって書かれる文のうちに「神」という言葉があり、あろうとしている。この文の展開の内にある言葉はすべて実存概念である。なぜならここには「私」の「自己」の「生きる」が「直感」として働いているからである。私の「自己」のありようは「生きる」としてあり、「生きる」の部分であるここでの「書く」もまた「生きる」としてあり、しかも単に「表象する」ありようの「書く」でないことはこれまでの直感分析論で確認されている。私の「自己」による「生きる」や「書く」がそのようなありようを変えないかぎりそうである。一時的に表象作用が直感作用より前面に出る時期があったにしても、それは私の「自己」にとっては迷いのありようをしているはずであるし、私の過去の半生においてもそうであったはずである。そのようなありようの直感の働きでは、表象作用を含む直感作用のありようが気付かれていない可能性が大きい。ここでの「神」という言葉は実存概念であるが、それとは違うありようの存在概念としての「神」という言葉がありうるし、あるいはもともと実体をもたない単なる表象としての「神」という言葉もありうる。実際、実存概念としての「神」は表象概念としての「神」のありようを含みうる。そのこと自体が直感作用にほかならない。

「分からない」は直感の本質的ありようであることは、「感じる」が「分からない」と重なるかぎり当たっている。だが、「感じる」から「分かる」がすべて排除されていないこともまたありうる。感覚のうちの視覚を挙げるだけでそのことは証される。実際見ることによって多くのことが分かるが、「神」を見ることは一般的にはありえない。だが、そうであっても「神」を感じることの一般性は揺らぐわけではない。神の信者であれば日々あるいは時々刻々と「神」を感じることは一般的でありうる。だが、その場合には一般的であることが逆の作用として働いて「感じる」は「分かる」に変貌的に傾斜し、さらに「分かる」は「知る」に変貌的に傾斜することがありうる。直感にとって「神」という言葉のありようは単に揺れたり生滅するなりして実存性を強くするにとどまらず、それ以上の複雑さがそこに潜んでいるととらえられる。「神」という言葉は、他の一般的な言葉とは区別して扱う必要があるかもしれない。人間にとって「神」という言葉は特殊である。この特殊性は直感にとって先鋭化する。「神」という言葉は人間の「自己」にとって互いの表象性を通してつながっていると直感にはとらえられるが、その限りではおさまりきれない。直感は「生きる」を本質としており、そのありようは要素自己にその「生きる」を託すと直感自身にはとらえられており、その際そのようなありようの「生きる」を「非自己」が補完するととらえられている。そうであるとすれば、「神」と「自己」の関係が表象同士の相対性にとどまることには限界があることもすぐに見て取れる。相対性の一方の「自己」がその本質的なありようから「生きる」とつながっていることからすれば、「神」という言葉は表象として「生きる自己」との相対性のバランスを欠くはずである。「神」という言葉のもつ特殊性とはこのことにほかならない。これをここで新たな命題として残すことにする。

命題　人間の「生きる」の本質（直感）にとっては「神」という言葉は表象にとどまることができないありようをする。

この命題は直感を主題化したときに浮上してくる特別なものであるが、この特殊性は「神」という重大事項についてのものなので人間にとって極めて重要である。実際、前記の命題に逆らうように「神」という「言葉」は宗教的にはもちろんのこと、一般的にも学問的にも使われている。一般的に使われる「神」という言葉は軽い意味になっているし、学問的に使われる「神」という言葉は表象として固定されている。また「神」という言葉自体が宗教と密接に関係しており、一般的にせよ学問的にせよこの言葉を使用する場合には宗教との関係で使われる。その結果、一般的な会話では「神」という言葉は一般性にふさわしくあいまい化し、他方学問的な使われ方では学問性にふさわしく表象化する。どちらにしても神の実体性は失われる。残る問題は宗教上の場合だが、この領域では神への信仰が人間それぞれの心のありように託されることとなるが、直感にとっては前記のどのようなありようとも違ったありようをする。あえて既述の命題が立てられた必然性はこのような背景があってのことであり、ここでの「直感が直感（神話のありよう）を分析する」が導き寄せた結果である。人間が神のことを話すという事態は特殊なありようをする。一つにはすでに述べたように人間は神のことを分からないままに話すことが通常だからである。二つにはその「話す」に直感が絡むときには、前記のように「分からない」が前提されることで単なる表象としては何も意味することがないからである。三つにはそうでありながら直感が神のことを話す場合には、単なる表象である「神」という言葉に表象以上のことを招き寄せるからである。そのような背景があってのことと思われるが、神話は周知のように人間の社会や歴史とは関係が深い。今現にそのことを主題化してこの文も「分からない」というレールに乗って進んでいる。「人間が神のことを話す」が神話のありようとすれば、一つの神話がここにあって生まれていると言ってもよい。その内容のことを問わなければそうである。直感にとって「分からない」はまずもって最初になければならないが、神話にとってもそれは同様で「分からない」は神話の本質でもある。直感にとって「神話」のことは「神」として分からず、「直感」にとって直感自らのことは「非自己」として分からない。このことからすれば「神」は「非自己」と重なっていると直感には分かる。直感の要素としての「自己」は「神」という表象をとらえることはできるが、それ自体では「神」の意味を知ることができず、「分からない」と合点することで甘んじるよりない。「神」を言葉としてとらえるのは「要素自己」だが、「神」を「神」としてとらえるのは「要素非自己」であり、その両者が合流するところで直感が「神」の実体を浮かび上がらせる。直感は「神」の実体を「非自己」として感じうるし、それと通じることもありうる。神話はそこから、そしてそこにおいて生まれうる。神話に限らず人間の社会と歴史のうちに無数の文学作品が生まれているのもまた多かれ少なかれそのようにすることによってである。文学作品の場合には、神のことでではなく人間のことが扱われるから、その事態は直感にとって分かりやすい。文学には散文と韻文があるが、前者の場合は多くは人間の自己領域のことが語られる、後者は自己領域から非自己領域への広がり、あるいは深まりが語られる。とりわけ前者の小説作品では自己領域がその扱う主要な領域となる。このような文脈のうちに神話を位置づけてみれば、神話の神話らしさが浮上してくる。文学作品の作者（要素自己を中心とした要素非自己との重畳と循環における主体＝直感主体）がその作品のうちで「神」のことを扱うかぎりにおいて、それらの作品は神話にも通じうる。だが、その場合は「話す」でなく「書く」が前面に出ることになる。

文学作品の原点には口承文学という領域もあって、その場合には「話す」が文学の原点としてある。そのありようはいっそう神話に通じていくととらえられる。そのどちらもが言葉を通してなされる行為であるが、「書く」と「話す」には本質的な差異があって、前者は要素自己領域を指し示し、後者は要素非自己領域を指し示す。「神のこと」はこの後者の方向から直感主体に近づいてくるととらえられる。直感は、根源としても超越としても「分からない」と向き合うことをその本質としているからである。「分からない」と人間がわれ知らず、また人知れずつぶやくとき人間は「全体性」とつながる特権を得る。直感の要素としての自己にとっては根源としては「分からない」がすべてであり、超越としては「あきらめる」が「全体性」を分からないままに招きよせ、「全体性」を分からないままに明らかにする。それを可能にするのが直感である。直感の本質としての「意」が「意」として「意」をとらえる。直感はいつでも「全体性」として向き合っているからで、そのようなありようの内で直感が「全体性」のことを話しはじめるとき神話が生まれ、それを書くとき「神話」と「文学」がつながることがありうる。だが、神話が神のことから離れるかぎりにおいて「全体性」から離れて自由になり、その話のありようは個別化する。要素自己が自己領域のことを話すからである。それが「話す」ではなく、「書く」であればいっそうその方向に傾く。「分からない」が個別化としての「分ける」に染まり、「分かる」がそのつど広がるなり、深まるなりするからである。「広がり」は〈人間社会〉の方を指し示し、「深まり」は〈人間歴史〉の方を指し示す。人間が人間のことを書くありようは、要素自己の「生きる」が「神」から離れるかぎりにおいてあるありようを示している。だが、直感は「非自己」から分けられてしまうことはありえず、「非自己」に「神」が属しているかぎりにおいて「神」との循環と重畳は「部分」つまり「分かる」として、あるいは「生滅」つまり「感じる」としてありうる。また、その場合には直感にとっては「自己」から分けられてしまうこともありえず、「自己」に「科学」が属しているかぎりにおいて「科学」との循環と重畳は「部分」つまり「分かる」として、あるいは「表象」つまり「理」としてありうる。現代における「神話」の可能性は前記のようなありようとしてあって、それはそのまま人間のありよう、つまり直感のありようとなっている。その場合の特徴的なありようは、「分かる」としての「科学」と「分からない」としての「神話」が重畳し、循環するありようをすることである。それは現代文明の特徴がＩＴ文明として人間の「生きる」の主要素となる方向を指し示している。今現にここでの文の進み行きがそのことを明かしている。ここでの文が「神話」としての「神のこと」を書き、「直感」として「人間の意」を問うとき「科学の理」が「分からない」と「分かる」を一つにする方向を指し示す。直感の本質は人間の「生きる」と結びついていることにあるが、単なる「生きる」ではなく「直に生きる」ことと結びついている。人間は「表象」という杖をもたずには「生きる」ことはかなわないが、「直に」という表現は「表象」という杖を正面に立てるのではなく、それを内に含んで生のまま、素のままの生きるありようを指す。

直感にとって「分からない」は文字どおり「分かる」がないことだが、そのありようはむしろ反対に「分かる」が圧倒的にあるありようをする。「ある」がありすぎて「分からない」に通じている。この「ある」は存在ではなく、「ある」そのものである。直感が本質的に向き合っているのはそのようなありようの「分からない」であり、換言すれば直感は〈全体性の極致〉と向き合っている。「神」という概念はこのような文脈のうちで直感に近づいてくる。この文を書きつづけている〈私〉の属する直感の場には〈書く主体〉としての直感が一方にあって、同時に〈書かれる客体〉としての直感が他方にある。その両方の直感が「重畳」と「循環」として「生きる」をここにあらしめている。それが「生きる」であるかぎりにおいて、その「全体性」は現在性にあり、それゆえ前記のとおり「全体性」の極致としてある。直感が直感との関連で「神話」を問うことはその問いのうちに直感の原型を追うことでもあるが、その追い詰める場はここにある現在性としての展開の内でなければならない。過去のものとなっていてすでにない「直感」を追うのではなく、今ここにあって働いている直感の原型が問題となっている。現代において働いている一般直感としての原型のありようが「神話」を媒介として問われている。このような特殊性は、すでに述べたように「神話」が本来自らの特性としてはもちえない「科学」を自らのものとして一般直感を問うことのうちにある。この問いには紛れもなく否定作用が二要素間で相互的に働いている。一方に「神」の概念が全体性としてあり、他方に「物」と「論」の理が全体性としてある。前者に神話が属し、後者に「科学」が属している。前者の全体性は文字通りのものだが、後者の全体性は「物」と「論」に限定されるありようのものである。このことを人間に沿って換言すれば、「神話」は「直感性」を前面に出して特化され、「科学」は「表象性」を前面に出して特化されている。そのような〈差異〉のありようが直感の特性としての〈同一性〉に溶け込み、人間の「生きる」が成り立っている。

ここで今現に働いている一般直感には「科学」の知見が属していることは紛れもないが、それのみならず現代に働く一般直感すべてに「科学」の知見が属している。もともと一般直感はそのようなありようをする直感であると規定されており、この言葉にある「一般」とは「人類全体」に通ずる「一般」であり、それゆえ古代の神話時代を生きていた古代人の直感にも通ずる直感の原型が現代にもありうると想定されている。ここにある直感としての「分からない」は「分かる」を内に含んでいる。現代人が「分かる」を自らのものとしているかぎりおいてそうである。そこに「科学」をもちだすのは現代が文字通り人類史の進み行きの最先端にあることからそうするのであって、「分かる」の原初性（「直感」の原型）はもともと「分かる」の最先端のありようのうちにも含みもたれていると想定される。逆に「分かる」そのものの原初的なありようは「科学」のもつ特殊なありようの「分かる」をもちだすまでもなくもともとありうる。科学における「分かる」は、直感との関係でとらえれば意味であれ意図であれ「分ける」を特化している。その「分かる」のありようは単純素朴なありようをする「分かる」そのものではない。実際、科学は「分けられない」ありようと向き合うことはできるが、「分ける」なしで「分からない」ありようと向き合うことはできない。そこには科学にとって無があるだけである。科学そのものには「生きる」がない。科学者の「生きる」が関与するかぎりで（「分ける」を前提とするかぎりで）「分からない」は部分的に浮上するよりない。現代における科学は無数にある「分ける」が「分からない」を果てしなく最小化し、その領域をせばめている。一般直感にとっては現に「分からない」は今なお無限に広大であり深遠であるにもかかわらずそうである。このような文脈のうちで「神」はどのようにしてあり、「神話」はどのようにしてあるか。「神」はその現れようを問わなければ実際ここに今もありうることはすでに確認されている。単にそれは言葉にすぎないにしても直感がそれと交差すれば、言葉は表象であることをやめて言葉以上になってしまう。それは「神話」についても同様である。

ここで現に起こっていることを「神話」と呼ぶことはできないが、ここでの直感の働きが「神のこと」を書いていることに違いはなく、「神話」が現にこの近くに現れている可能性はいつでもありうる。実際、現代における神話のありようを問うことは本書での隠された課題でもあり、そのこともここであらかじめ確認しておく。前記したように「科学」にとっての「分かる」は「分ける」であるが、「神のことを話す」の主語が人間であるとするのが適切であるように「物や論のことを分ける」の主語もまた人間とするのが当たっているであろうか。これもまたすでに述べたように「神話」においては「言葉」が鍵概念になっていて、その関連で人間が招き寄せられる。「言葉」は人間のためにあり、それを使用するのは人間である。他方、「科学」において鍵概念となっているのは「数字」である。「数字」もまた「言葉」同様に人間のためにあり、それを使用するのも人間にちがいはないが、「数字」が直接つながっているのは物であり、人間は脇役である。「数字」が「生きる」と関係づけられるのはあくまでも表象性としてであり、そこには「言葉」が「話す」や「書く」として「生きる」に重なるような直感性（直接性）はない。前者の数字との関係では人間は「分ける者」としての「生きる」にとどまるよりなく、この「生きる」は「分ける」に限定される「生きる」である。その場合の「生きる（分ける）」の主語としての人間は自ら主語でありながら主体として生きる〈分ける〉ことはできず、「分ける」の客体である〈物そのもの〉のもつ「数字」あるいはその〈表象〉のもつ「論」や「理」に従うよりない。その関係は複雑化している。他方、後者の言葉との関係では、「話す」や「書く」の主語は現に今ここで「書く」が起こっているように人間であり、その場合には「言葉」は〈自己と非自己の間の重畳と循環（人間の直感的ありよう）〉によって書かれるし、話されもする。その点は前記した「数字」との関係に立つ人間の場合とは本質的に違っている。

現代において働く一般直感が自らのありようを神話と関係づけて問うとすれば、前記したように科学と一緒に問うのでなければ直感にとっての一般性の意味は失われる。今現にここで企てている「神話」を通して直感自身の原型に近づくこともできないであろう。科学における「分ける」と「神話」における「分からない」を一つにして「分かる」をここにあらしめることが求められている。直感はすでに述べたとおり「分からない」を補完する「感じる」を通して「分かる」を「あいまいさ」と一つにし「自らのもの」としている。古代以来人間はそのようにして生きてきたとすれば、それ自身が現代における「一つ神話」のありようであって、「感じる」を通して「分かる」が「分からない」と一つになって「全体性」が「一つの神話」としてありうる。本来広さと深さこそが直感の原型のありようととらえられるが、私の「自己」が「科学」とともに浮上させる「全体性」は「自己」の特性としての無限に小さい部分性もまた明らかにしている。そのようなことからすれば現代の神話は古代のそれとは段違いに小さいものに変わっているはずだが、その〈小ささ〉を直感がとらえるかぎりにおいて無限に広く深まる可能性もないわけではない。「神のこと」はいつの時代にも人間には分からないからである。神話において神が人間の姿をすることのアナロジーとして、「科学そのもの」がロボットとして人間になるというアナロジーを描けば分かりやすい。現実的には「人間のロボット化」という表現の方がなじみやすい。漫画の主人公である鉄腕アトムは前者の象徴であるが、現実的には「ロボットの人間化」である。ともあれ鉄腕アトムが人間でないことは漫画の主人公であることを抜きにしても明らかである。鉄腕アトムが神と同等になることがありうるにしても、人間は神と同等ではありえない。人間にとって「神話」が「分からない」を前提にして生まれるのはこのことによっている。「科学」が「分からない」を克服することがありうるにしても、人間からロボットが生まれるわけではない。ロボットはロボットであって人間ではない。その逆も真であって、人間は人間であってロボットではない。神と人間が対等ではありえないように、ロボットと人間はどちらが上位であるかは別にしてもやはり対等ではありえない。ロボットは科学そのものであり、人間はどんなに努力しても科学そのものには成りえない。それは人間がいくら努力しても神になりえないのと同じである。

前記のような「神」と「ロボット」のアナロジーはそのまま「神話」と「科学」のアナロジーを導くが、「人間」の「生きる」との関係によってこの両者が逆向きのものとなっているととらえられる。「神」と「ロボット」の中間に人間が控えているととらえれば分かりやすいが、その意味するところは複雑である。ロボットはともあれ、「神」

と「人間」の間の重畳と循環は一筋縄ではいかない。それこそが古代以来の神話の存在理由と解することも可能である。人間は神とは対等ではありえないが、物もまた人間と対等でありえない。この二つの不平等の謎を解く鍵を人間が握っているととらえることも可能である。次章では、共に同じく「話」の形式を取りながら「神話」の場合とは違って「対等性」を本質としている「民話」を取り上げる。それとの関係で直感が新たな様相で見えてくることを期している。

第三章　民話・物語と直感

第一節　民　話

民話とは内容のことを問わなければ人間が人間のことを話すなり書くなりするもののことで、それをあえて漠然と「お話」と呼べばかなりの程度当を得ている。だが、もちろんこれでは不十分である。「お話」のうちでも筋をもつものと限ってみても、なおその定義では「小説」や「物語」や「童話」の類も含まれてしまう。「民話」を今挙げた範疇の作品群と区別するには、「民話」の要素としての「話」を「話す」とあえて特化する必要がある。前者の作品群はそれとの対比では「書く」に特化される。たとえば日本には代表的な「民話」集として『遠野物語』があるが、これは単なる物語ではなく「語る」が特化されるもので、しかも伝承のありようがその本質となっている。そこでは「話す」がさらに「語る」となって筋が強調されるが、加えてその場合の「聞く」は「話す」から独立して「聞く」そのものを特化する。あえてその特徴を強調すれば、「民話」とは「話す」ことを「聞く」ありようのものである。一方に専一的に「話す」があり、他方に専一的に「聞く」があって「民話」は成り立っている。同じく「物語」と呼ばれるものは沢山あるが、『遠野物語』と『源氏物語』の二つは話の長さと言い文学性の高さと言い、また話し手（作者）が一方は不特定の複数の人間であり他方は紫式部という歴史上高名な個人であることと言い、その対照の差異は特別際立っている。「物語」一般のありようは『源氏物語』を頂点とするととらえられるが、ほかにも多くの「物語」群がある。そのいずれもが人間あるいは擬人的な動物や架空存在のことが語られることではほぼ一致している。このように『源氏物語』の対極にある『遠野物語』もまた他の多くの物語とは際立った相違があるが、神話の範疇に広げればアイヌの「カムイユーカラ（神謡）」に類似性があり、むしろ「話す」の「特徴」を強調すればアイヌの「神謡」が特化される。単に「神のこと」が語られるからではなく、アイヌの文字はその言語の発達史の最終段階で後世に伝える必要性からアルファベット文字を代用して生まれている。その本質は無文字である。

民話ということであれば『遠野物語』が典型的であるが、無文字としての「民話」ということであればアイヌの「ウエペケレ」が典型的である。だが、後者では「無文字」の特性によって「人間（アイヌと同義語、以下同じ）」は「神」と「動物」に溶け込んでいく。その内容によって「神」が中心となる場合は「カムイウエペケレ」と呼び、人間が中心となる場合は「アイヌウエペケレ」と呼ぶ。この後者を「民話」と呼ぶことも可能だが、単に「物語」としておけば前記した広がりのうちに含まれ一般的になる。これらについては別の項で詳しく触れるが、一口に物語と言ってもそのありようはさまざまである。このような多様性のうちに本質的差異があるとすれば、すでに繰り返し述べてきているようにそこで使われる言葉が「話し言葉」であるか「書き言葉（文字）」であるかの差異となる。その二方向で「物語」は果てしなく広がり、また深まるありようをする。ここでは「物語」のもつ前記のような本質的なありようをとらえておくことが大切である。「物語」としての広がるありようも深まるありようも共に「話す」と「書く」の差異によって定まるが、その定まり方自身もまた複雑多様である。「話し言葉」による「物語」であれば、その複雑さ・多様さの本質は「話す」「聞く」における「音」と「心」の交差にあるととらえられる。他方「書き言葉」による「物語」であれば、その複雑さ・多様さの本質は「書く」「読む」における「形」と「心」の交差にあるととらえられる。直感分析論に従えば、そのいずれにおいても「意」がその鍵を握っている。「意」という漢字は「音」と「心」に分割されるが、直感にとってそれは象徴的である。「音」は人間の口から発せられ人間の耳に受け取られるが、その鍵として「意図」が心の行動面を指し示して主導し、言葉の「意味」がとらえられる。言葉の「形」は人間の手からもたらされ人間の目によってとらえられるが、その鍵として「意味」が主導し「意図」が行使される。「物語」のありようはこのような各要素の「働き」と「領域」が交差し、それぞれのありようで展開される。アイヌにおける「物語」の場合には、人間（アイヌ）自身の本質的ありようからして「書き言葉」とは無縁であり、〈音〉として深まり〈心〉として広まる。その「物語」は果てしなく「神謡（カムイユーカラ）」へ近づいていく。このようにアイヌの「民話」は「神話」とつながっているが、これについては第二部で直感との関連で考察するとして、再び「物語」に戻って『源氏物語』に帰ればその特異性は単に文学的価値におさまりきらないことからも知れる。

『源氏物語』は紫式部によって書かれたものであり「話す」とは別の生まれようをしているが、ちょうどその歴史年代が日本語の文字の生成と重なっていて、その文字は「ひらがな（女性文化特有）」の発生原初のありようをしている。一方に「話す」と一体となった「書く」が「ひらがな」としてあり、他方に「書く」と一体となった「話す」が〈原＝口頭言語〉としてある。前者は〈ひらがな文字〉の独自性を担い、後者は〈外形化する心〉の独自性を担っている。しかも、前記のような文字発生の歴史年代における〈言葉の現実〉の「るつぼ」のなかで「書く」が〈漢字の象形〉とともに先行的にあり（男性文化特有）、その進行に加えて「漢字」がその形を失って新たに「ひらがな」としての形に変わるという別種の変化が重なっている。「話す」が潜在し「書く」が顕在するという〈言葉の生成〉の「るつぼ」がその独特な「意味」と「意図」を担う。このことは「言葉」にとっての一種究極の独自性であり、「言葉」における「生きる」そのものの極致であり、換言すれば直感の極致である。そこにある「書く」は「物語を書く」として二重にも三重にも、そして四重にも五重にも複雑化している。その複雑さに耐えているのは紫式部の直感である。『源氏物語』が単なる物語におさまりきらないのはもちろんのこと、単なる文学にもおさまりきらないのは前記のことからして必然である。本書は神話・民話と絡めて直感を問い直感が直感を分析する場であるが、そのような場に『源氏物語』を置いてみれば、そこに現れる展望の広がりと深さは並々ならないものがあると早々と予感される。それは地理的にみれば日本列島がユーラシア大陸の東の先端にあり、また太平洋の西の果てに浮かぶことの一種象徴のような「広がり」と「深さ」を指し示している。ともあれここで拠り所となるのは差し詰め「人間」しかいない。

他方「民話」とは「人間が人間にまつわる筋を話す」ありようであり、その内容であることからすれば、そこに直感が働いていることは紛れもない。すでに述べたように民話において「人間」は心のみならず身体ともども「神」と接しており、動物とも接している。その二つのありようの接し方を問うことを通して直感の原型が浮かび上がることについては大いに期待がもてるとこの段階で展望される。「物語」と「民話」との間にある懸隔は直感にとっては本質的なものではない。それらは互いに「人間が人間のこと」を「筋」として「話す」か「書く」かの違いに集約され、『源氏物語』が「物語」と称されているかぎりにおいて「人間が人間のことを語る」であり「民話」へとつながっている。その差異は前記のとおり「話す」と「書く」の違いだが、『源氏物語』は「書く」を実体としながらも「語る」が特化され、しかもそれが「物語」としての範疇によって「物」を「語る」であることは直感にとって意味ありげである。紫式部が『源氏物語』を書いていた平安時代における「物」は「物」と呼ばれるかぎりにおいて文化や文明を指し示している。現に中国文明の影響を刻印されていることについては前記した漢字の例を挙げるだけで足りる。そのようなありようのうちに語られる「物」は「文明」と重なり互いに循環している。この「物」はアイヌ文化におけるそれとは本質的に違っている。「物を語る」は「文字」を通して歴史的時間に拘束されうるが、単なる「話す」は「無文字」であるかぎりにおいて時間の現在性に拘束されるのみである。アイヌ民話もまた「物を語る」であるにしても、この「物」は時間の現在性に拘束されて「生きる」そのものを指し示す。平安時代から遠くくだってなお伝承として語られている『遠野物語』もまた「物語」と呼ばれるが、この方の「物語」における「物」を前記のことに関連づければ、「物」としては東北の農村における〈自然物〉がただちに連想される。この〈自然物〉のありようもまた独自であり、それはアイヌ文化における「物」のありようにつながると言うよりも、むしろ農耕文化が文明に対峙するありようの「物」ととらえられる。

アイヌ文化にとっても〈自然物〉は〈自然物〉だが、明治時代に文明開化の波が押し寄せるまでは「神」と向き合うありようを前面に出している。アイヌ文化においては「神話（神謡）」はもちろんのこと「民話」の類においても「人間（アイヌ）」は「自然」に溶け、「神」とは対等に近いありようで向き合っている。前章の文脈で述べれば「分からない」が鍵概念となって〈融解〉と〈対等〉を招き寄せている。文明においては「分からないこと」は「分かること」のうちに埋もれ、「分からないこと」それ自身を「まだ分けていないこと」として残す以外に方法がなくなっている。「人間（アイヌ）」が「自然」に対して優位に立とうとすればそうである。だがこの優位は「分からないこと」を潜在的に意味しているかぎりにおいて欺瞞であろう。アイヌ文化においては前記の点は違っていて、文明にとっての欺瞞的な「分からないこと」とは対極にある「分からないこと」が素朴さとしてあり、それが「感じること」としての「分かること」を招き寄せている。「人間（アイヌ）」が「自然」と「神」と対等になるのはこのような「感じる」がその仲介として働き、「分からないこと」を「分かること」へと解消するからであろう。そのような素朴さとしての「分からないこと」が「分からない」の本来の意味からして「人間（アイヌ）」をして「神」を自らの上に置かせ、同様に「自然」を自らの上に置かせているととらえられる。そこにもまた「物」があるにしてもその「物」はすべて生きていて、「人間（アイヌ）」の「生きる」と一つになっている。「神」もまた同じくそこでは生きていて「人間（アイヌ）」の「生きる」と一つになっている。このようなありようからして「人間（アイヌ）」にとって「物」は語る対象にはなりえず直感するものとなり、アイヌ文化にはその本質からして「物語」は成立しえない。「文字」の場合も同様であって言葉は「人間（アイヌ）」にとって「書く」の対象にはなりえず直感するものであり、アイヌ文化にはその本質からして文字は生まれない。その延長として「神話」や「民話」は、そのありようが「話す」であるにしても「意味」に主導されて限りなく「歌う」に近接していく。また「意図」に主導されて「踊る」に近接していく。現れる姿は違っても、それはちょうど『源氏物語』のありようが『万葉集』や『古事記』に遡る方向性と重なっている。

第二節　物　語

「物語」との関連で直感を問うことは一つの問いだが、この問いをこれまでの文脈のうちに置いてみるとにわかにある種の困難が予感される。その困難は、「歌謡」と「和歌」が古代日本において生まれ発展したありように日本語の発生・発展が重なっていることとの対比で「物語」を位置づけることによるものではない。今現にここにあって働いている「直感」がかつて古代以降の日本で働いていた「直感」と向き合うことに伴う意味の重要さは、いくら強調しても強調しきれないことは改めて言うまでもない。現代においてさえ直感のありようについての理解は今なお霧の中にあり、本論がこれまで拙著を重ねて取り組んでいるのもそのような霧を晴らすためであり、今ここでの進み行きもまたその一環である。本章がこうして改めて「物語」における「語る」と直感との関連を取り上げるとき、その「語る」が単純な文の展開におさまりきれないであろうという戸惑いはいわれのないことではない。ここでは「歌謡」や「和歌」において働く直感について詳述するゆとりがないが、「語る」は「歌う」や「書く」とは違ってどこかとらえがたい霧を連想させるのもいわれのないことではない。現代に近いありようをしているのは「歌謡」や「和歌」ではなく「物語」の方だが、そのなじみやすさが逆に直感のありようを不透明にする。そうであれば、そのような不透明さが何であるのかを問うことから本節の課題としての「物語」に近づいていくのがよいであろう。ここですでに始まっている十数行の文章もまた「物語」の一種でありうることが前記の戸惑いの一つをここにもたらしているとらえられるが、そのことをここで直感するかぎりにおいて直感は古代から一挙に現代につながってしまう。あるいは逆に古代に根をもつはずの直感がここにもなおつながりうることも予感される。このような直感のありようを通して現代が古代・中世・近世・近代とつながることの奇跡的なありようはすでにここに今ありえて、こうしてある種の〈ものがたり〉が進んでいる。「歌謡」と「和歌」において働く直感を問い、こうして直感自身が古代の日本人の直感を問う〈ものがたり〉がすでに始まり、その〈ものがたり〉が日本の過去の「物語」に近づき、そこに働く直感と交わろうとしている。すでに始まってしまったここでの〈ものがたり〉において直感が働いていることは紛れもなく、しかもその〈ものがたり〉が目指すところのものが「直感の根のありよう」となっている。ここでは現代のある種の〈ものがたり〉が〈自らの根を目指すこと〉へとつながっている。そうであればこそ本論のこの進み行きの意味が十全ではありえないにしてもそれなりに満たされうると想定される。それは「歌謡」や「和歌」のありようを遠く向こうにあることとして扱うのとは本質的に違っている。「歌謡」はその歌い手に「自己」が属していなくともありうるし（「非自己」の働き）、「和歌」はそれが文字で書かれるかぎりにおいて「自己」がそこに属していなければありえないだろうことも推測可能である。現代においては西欧のデカルトの真理（「われ思うゆえにわれ思う」）がここに論者自らのものとしてあって、「自己」の関与なしの「思う」が不可能であることを論証しうるし、ましてや「書く」であればそれが「表象」と無関係ではありえないことからして「自己」の関与が必要であることもまた自明のこととなっている。ましてやその「書く」が単なる「歌う」のことではなく、「ものを語ること」であるとすればなおさらである。以下、本節では「物語」において働く「書く」が直感とどのように関係しているかを考察するが、（一）の項では「物語」が日本において生まれ始めた時点に遡ってそれを試みる。その代表として『源氏物語』を題材とする。次に（二）の項では、同じ「語る」であっても「書く」ではなく「話す」を特徴としている「物語」として時代を大きく下って生まれた『遠野物語』を題材にする。その各論に入るまえに、あらかじめ「物語」一般について直感との関連でいくつかの点を考察しておく。

ここで現に始まっている〈ものがたり〉がいわゆる物語でないことは一見自明だが、そこに直感が絡むことによってその自明さがゆらぐことも早々と直感自身にはとらえられる。「歌う」やその延長としての〈「歌う」と「書く」の合体（和歌）〉が直感と密接な働きをもつことの明らかさが、新たな方向から本論の進み行きに迫ってくる。だが、そのありようは直感の核としての「情」や「意」のありよう、それに加えてそれぞれの表層と深層のありようでさまざまであることもまた早々ととらえられる。ここで現に進んでいる「書く」において働く直感については既刊の拙著で論述済みであるが、ここでもそのありようはある種特別なものとなっている。その特殊さは「直感が直感を分析する」ということに集約される。それが〈ものがたり〉であるにせよないにせよ、そのありようは普通の〈ものがたり〉ではありえない。普通の〈ものがたり〉は「直感が直感を分析する」ことはしないからである。後者のありようは単に「分析する」である。このような「分析する」は「物語」とは呼ばないし、物語でもない。

一般の「分析する」では論理が主導する。そこからは直感が排除されるようにと意志され、意識される。目指されるのは「存在」であって「生きる」ではない。そのありようは「分析」であって「物語」ではない。「分析する」においては「分ける」が「分かる」を目指している。「物語」にも「分ける」や「分かる」が属しているにしても、それは「生きる」の一部としてのそれである。そのこと自体が直感のありかを指し示している。振り返ってここでの「書く」を見てみれば、そのありようは「分析」でありながら「物語」のありようも指し示している。そのありようこそが直感のありようであると直感自身によってとらえられる。それのみならずそのような直感のありようが直感の根を指し示している。そこで問題となっていると想定されるのは「もの」の表層と深層の相互的ありようであり、そのありようについて語るのがここにある〈ものがたり〉のありようであるととらえられる。単に表層が問題なのではなく深層も同時に問題となっていて、それで今も現に〈ものがたり〉がこうして進んでいる。だが、〈ものがたり〉は物語ではない。そもそも〈物〉と〈もの〉とにはどのような差異があるのか。直感論では物は〈物そのものとしてある物〉と〈物の表象としてある物〉があって、〈物そのもの〉は表象を纏っていない代わりに〈物そのもの〉が外的に存在しているととらえられている。そのような物のことを語るのが「物語」なのだろうか。否である。そのような物のことを語るのはむしろ「分析」のありようである。現代では論文とか論説とか言われる範疇のものである。学の論理が方法として表面化される領域である。では、「物語」と呼ばれる範疇にある「物」とは何なのだろうか。これはむしろ「もの」とした方がそれらしいありようをしている。この「もの」はとらえどころのなさを本質としている。この「もの」は単に物を指し示さないし、物の個々の表象を単に指し示すのでもない。ここでの文の進み行きに近いありようをする「もの」であり、そうであればこそここでの文のありようを〈ものがたり〉と括弧付きで述べている。だが、ここでは分析が行われて、今もそれが進行中である。このことのうちには奇妙な交差が属している。「物」と〈もの〉が交差している。「語る」との関係で交差している。この「語る」には主語があって、今現にここで〈ものがたり〉を語っているのはこの私である。正確に述べれば私の「直感」である。ここには私の「自己」があって、それと相対化して私の「自己」にとっての「非自己」がある。文は今も現にその働きとして生まれつづけている。ここには単に「分析」があるのではなく、「物語」もまたある。

〈ものがたり〉は、実はその主語と一緒に解釈すれば物語である。ここでの文の進み行きは『源氏物語』や『遠野物語』とつながっている。その共通項としての鍵は直感であり、直感の要素としての「自己」と「非自己」である。そこに差異があるとすれば、その直感の働きにおける「自己」と「非自己」の関係のありようの違いである。歌謡や和歌における「歌う」が『源氏物語』につながるありようは分かりやすく、また口頭伝承としての物語である『遠野物語』につながるありようも比較的分かりやすい。「歌う」が「口頭伝承」を鍵として『源氏物語』と『遠野物語』を同じ方向に指し示す。そこには「しらべ」があって、「伝承」のしやすさを付加している。だが、ここでの文の進み行きはそれらとは明らかに違う。ここにもまた「伝承」があるにしても、その「伝えやすさ」を特徴づけているのは「しらべ」ではない。表象の「共通性」と「確かさ」である。だが、「共通性」はともかく「確かさ」は必ずしも「伝えやすさ」に通じているわけではない。「伝える」は人間から人間への「伝える」であってみれば、「物」や「もの」の理は「伝える」にとっては間接的であって、はっきり述べれば人間にとっては不要である。それを必要としているのは人間ではなく、論理という抽象である。そこに第一にあるべきものは表象である。そのありようは『源氏物語』や『遠野物語』のありようからは最も遠くにある。

『源氏物語』の本質的ありようが「もののあはれ」と言われ、『遠野物語』の本質がその地理的辺境性としての語りのありようにあり、列島の海峡を越えたさらなる寒気の厳しい北方の辺境性がアイヌ文化のさらなる徹底した口承伝達のありようを示している。これも単なる偶然ではないであろう。そうでありながら、なおここでの文の進み行きが前記のそれぞれの文化作品に連なっている意味もまた大きい。ここで問題となっているのは表象ではなく直感であることが浮き彫りになっている。だが、そこで表象が不要とされているのでないこともはっきりしている。

物語の本質は「物」の方にあるのではなく、「語り」の方にある。それが「話す」であるにせよ「書く」であるにせよ、そうである。だがそれは単なる「語る」ではないし、単なる「話す」や「書く」でもない。それは「物を語る」であり、「物を話す」であり、「物を書く」である。意味はこのことのうちに生まれている。直感がその意味をとらえるのだが、その意味は「語る」や「話す」や「書く」の主語の直感に属しているだけではなく、「物」の方にも属している。この「物」は私の直感と向き合うときには単なる「物」ではありえず、直感作用に巻きこまれた「物」となる。この「物」は単なる「物」とは別のものとなる。直感としての物である。そうであってみれば「物語」とは「直感が物のことを直感として語る」ことである。このことを簡略化すれば、「直感が直感を語る」ことである。そのようにとらえれば、「直感が直感を分析する」とのアナロジーが成立する。ここで現に今こうして進んでいる文の進み行きが「物語」なのか〈ものがたり〉なのか、はたまた論文なのか論説なのか不分明であったのは、ここに直感が絡むことによっているからであると改めてとらえられる。実際、この文の進み行きでは「直感が直感を語る」とはどのようなありようであるのかが問われ続けていたと分かる。また、本書の主題がそのことにあると改めて知らされる。「直感が直感を語る」とはそもそも何者（物）であるかが問われている。これは単に本節の主題がそのことを指し示しているのではない。本節の冒頭でそのことにつまずき、直感が戸惑いを感じ取ったのはそのことにほかならないと知らされる。このことは直感論にとって重要な示唆を含んでいる。単に「物語」が何であるかの問いにとどまらず、「物語」の周辺領域である「小説」や「説話」や「随筆」や「散文」などへの理解の変更をはらんでいるからである。とりわけ現代小説がある種の袋小路に入っていることからも、前記のことを視野に入れることの意味は大きい。

（一）『源氏物語』

「物語」の本質が「直感が直感を語る」であるとして、そもそものありようはどのようなものなのか。ここにおいて今現に展開している文の進み行きは〈ものがたり〉であって「物語」でないのは、ここでは「直感が直感を分析する」が進行しているからで、「直感が直感を語る」でないことにある。ここで追いかけている直感が古代において働く直感であるにせよ中世、近世、近代に働く直感であるにせよ、それを分析するかぎりでそうである。現にここでも直感が『源氏物語』の「語り」で働く直感を分析しようとしている。このような分析のありようは「物語」とは言えない。ここには何が不足しているのか。主語としての直感はここにあって働いているが、それが「分析」であるのは単にその主語である直感が私の「自己」に属していることによっているだけのことではない。現に『源氏物語』もまた紫式部という古代の女性の「自己」が語りつつ書き、書きつつ語っていたし、それのみか書きつつ歌い、歌いつつ書きもしている。『源氏物語』の文章は「自己」が関与していなければありえない。すでに扱った「歌謡」のありようとは本質的に違っている。人間一人ひとりの「自己」の質が違うことは現代においても同様であって、それは個性の違いでしかない。それでは同じ直感の仕組みのうちに生まれている文章でありながら一方は「直感分析」となり、他方は「直感物語」となるのはなぜか。その差異の本質が「分析する」や「語る」の主語である直感の主体にあるのでないとすれば、残りは直感の目的語となる「直感」の方にその原因があると思うのが自然である。循環し、重畳する相手の方の直感のありようの差異が「分析」と「物語」の本質的差異をもたらしていると想定できる。ここに現にあって分析されつづけている目的格としての「直感」と古代の紫式部によって語られつづけていた目的格としての「直感」の本質的差異とは何か。ここで問われている問いはそのような問いである。だが、この問いはけっして困難な問いではない。『源氏物語』については無数と言っても良いような数の研究、つまり分析が重ねられてきている。その頂点をなすのは近世の本居宣長であり、現代に至っては折口信夫が控えている。だが、なお紫式部が語っていた当の目的語については明快にされているわけでもない。その一つの結論は「もののあはれ」のことであり「いろごのみ」のことであるにしても、それらは〈紫式部の直感〉の目的語を直接指し示してはいない。「もののあはれ」や「いろごのみ」は、〈紫式部の直感〉が扱う目的語としての〈もう一つの直感〉の特徴的ありようについて熟練した読み手たちが述べたものにすぎない。しかもその特徴をとらえているのがほかでもない紫式部の直感であることからすれば、これはむしろ『源氏物語』を語る主語である紫式部の直感の特徴を述べているにすぎないことにもなる。ここで必要になっているのは主語の方の「直感」ではなく、目的語の方の「直感」である。『源氏物語』を語る主語である〈紫式部の直感〉と、本居宣長や折口信夫の直感との間にはすでに述べたように本質的な差異があるわけではない。男女の違いであったり個性の違いであったり、あるいは語り手と分析者の違いであるにすぎない。もともと違うありようをするそれぞれの直感が『源氏物語』を語り、あるいは分析していて、前者は自らの作品を日記に記したりもし、後者はその作品の文のありようの特徴を説いているにすぎない。そのことによって見いだされているのが「もののあはれ」であり、「いろごのみ」である。ここにはどこを探しても「語る」の目的語である直感がとらえられているわけではない。これら三者の本質的差異はそのことのうちにある。「もののあはれ」と呼ばれ「いろごのみ」と呼ばれる一つの同じ実体が作者や読み手によってとらえられるとき、繰り返しになるがそこに本質的な差異があるわけではない。似たような直感のありようが同じ実体をとらえていることによる差異は想定以上のものではありえないだろう。その明らかな証は、そのような説が多かれ少なかれ広く世に認められていることにある。その直感の持ち主が人間であることにはちがいないからである。そのどの直感もそれぞれの「自己」と「非自己」の組み合わせと循環によってそれぞれのしかたで生まれている。「もののあはれ」にせよ「いろごのみ」にせよそれは質的言葉であり、その言葉の意味が分かるのはその言葉の発信者自身である本居宣長であり折口信夫である。それらの言葉自身は物語の「物の質」をしか示さない。このような言い方における「物の質」には一つのアナロジーが潜んでいる。

　前記のように述べる「物」とは紫式部が語る「物」のことであり、その「質」のことである。他方には現代において最先端を走る「物の質」もあって、これは分析に関係する「物の質」である。前者の「物」の方の「質」がここでは問題であって、それが「質」であるかぎり「語る」にとってはとらえどころがないことは知っておかなければならない。現代の「物の質」とのアナロジーが指し示すように、紫式部が直面する「物の質」はある種の形がそこに現実化していなければとらえがたいであろう。作品として成り立つこともかなわないであろう。紫式部にとってもこのとらえどころない「物の質」は目的語には成りえていない。それは自らの内部とりわけ深層にあって感じとれる何かでありうる。あるいは表層をすべる何かでもありうる。日記にそれとなく書くなどし、時には和歌として生まれてくるような何かである。そのような「質」は、そのままでは日記や和歌にはなりえるにしても物語にはなりえないであろう。物語は文字によって成り立つ「物」の語りであり、そこには文字はありうるにしても「物の質」はありえない。物理学において「物」の質が極限においてとらえどころがなくなる事象はこのことのアナロジーを示しているであろう。作者である紫式部は「物」を語る。この「物」が直感的ありようをしていることをここではっきりととらえなければならない。「直感を分析する」でなく「直感を語る」であればなおさらそうである。この関係は小説における作家と評論家の関係を想定すれば分かりやすい。どんなに立派な評論を書くことができても、そのまま作家には移行できないのは誰もが認めることであろう。本居宣長が「直感を語る」ことができるのは和歌に限られ、折口信夫が「直感を語る」ことができたのも俳句や和歌であって、その延長線上に「死者の書」が「物語」として生まれている。彼らは「物」の質を「物」の形にすることができたのである。「物を語る」において求められる第一の必須事項は「見える」であり「とらえる」である。そのためには「自己」が成り立っていることが必要であるが、それのみではなお不全であり、「非自己」もまたそこにあって直感を成り立たせていなければならない。これが「直感が直感を語る」の概括的なありようである。

直感論では直感の本質は「意」と「情」であるととらえられている。「意」は「身体」を指し示し、「情」は「心」を指し示す。「心」との関係では「身体」は「行動」を指し示す。直感が目的化されるときにはこのことをあらかじめ知っておく必要がある。「物語」は文字通り「物を語る」であるが、すでに述べてきたようにこの「物」は直感との関連で一筋縄ではいかない。「物を語る」はすぐさま「直感が直感を語る」へと変わる。「物」が主語と目的語に分化し、直感の複雑性を表現する。語るのは間違いなく人間であり、その場合の「語る」の目的格にもまたそれが直感とされるかぎりで人間が属していなければならない。今ここで進む文のありようが「物語」と呼べないことは、ここには人間の行動が属していないかぎりではっきりしている。ここでの行動は物語の「語り」に属する筆者の身体の動きに集約される。この進み行きが物語らしく見えるのはそのことによっている。ここには人間の「生きる」が紛れもなくあり、そのありようこそが直感である。だが、それは言葉の外のありようであり、言葉そのものとは同化していない。言葉として形を得ていない。言葉として人間が生き、かつ存在していない。まさにここには「分析」と「物語」の分岐点がある。ここを境にして片方は分析に向かい、他方は物語へと向かう。実際、人間のことを語るにせよ分析するにせよ、拠り所となるのは「言葉」を除けば「行動」である。それによって「物語」とは「物を語る」でありえている。「物」のうちに人間が「言葉」とともに生き始める。その際「言葉」には「話す」と「書く」が寄り添い、「行動」には「身体」と「感覚」が寄り添う。「意」と「情」がそれらを中核から支えている。紫式部が『源氏物語』を書いていたのもこのようなありようとは別のありようではありえない。このことを踏まえて、以下『源氏物語』を素材にして引き続き「直感が直感を語る」について考察するが、この進み行き自身が依然として「直感が直感を語る」と関係をもちつづけている。こちらに「直感が直感を分析する」があるにしても、そこに学ぶ姿勢があるかぎりそうならざるをえない。その「分析する」は「直感が直感を語る」ありようの直感のことを目的とするからである。その「分析する」は方法としての直感が目的としての直感に重なり、重畳するのでなければとらえられない。ここで展開しはじめている論述は「直感分析論」であるのみならず「直感物語論」へと通じている。筆者の既存の「直感分析論」とは別にここで新たに「直感物語論」が必然的に発生していることを改めて特化しておく。これは直感論にとって極めて重要な事項である。「源氏物語」の直感分析が始まろうとしたときにその冒頭で浮上してきた事項であり、その重要性はいくら強調してもしすぎにならないであろう。「もののあはれ」と「いろごのみ」とはそもそも何であろうか。現代語訳であれ原書であれ人が『源氏物語』を一度は読み、その「物語」の発生源としての「和歌」と「歌謡」のありようとしての『万葉集』の歌群の一部にでも触れ、そのうえで本居宣長の『紫文要領』を直感によって読めば、前記の二つの概念「もののあはれ」と「いろごのみ」の概要をとらえることは可能であろう。だがそうであってもその意味を自分のものとするには、そこに「非自己」が加わり、かつそれのみならずある種の幸運が働かなければ不可能であろう。その場合には前記の作業を幾度も繰り返すことが必要となろう。「伝授」としての伝承はそのようにして可能である。直感論にとっては「もののあはれ」と「いろごのみ」は同じことの別の現れととらえられるが、そのどちらか一つでも分かるためにはそのどちらもが必要である。端的に言って、前者は「情」として心を指し示し、後者は「意」として身体を指し示しているととらえられる。それはまさに直感のありようの本質を示している。実際、直感分析論では「情」と「意」は直感の二つの核であるととらえられている。直感物語論を取り上げる場合にも、この二つの核がともに働くのでなければ、そしてそれが自ら意識化できるのでなければその論は前に進むことはない。そのことは避けて通ることのできない関門としてある。「物語」と「分析」とではそこで働く「情」と「意」は自ずと違ってくる。「分析する」に代えて「語る」を中心に置けば、その際働く〈直感〉との関係で「情」と「意」のありようにも変化が生じ、その変化のありようをとらえることこそが本章ひいては本書全体の目的であると見えてくる。

「物を語る」とは「直感が直感を語る」ことであるとすでにとらえられたが、それはたまたま「物語」という呼称に「語る」が含まれていただけのことであり、実際には「物語を書く」が問題となる。だがこのような体験をもつ人の数は限られていて「物語を読む」の方が一般化する。論点を移行してこれら二つの行為は直感にとってどのようなものでありうるかという新たな問いが生まれる。だがこの問いの答えは単純である。前者は「直感が直感を物語として書く」であり、後者は「直感が直感を物語として読む」である。このことのうちで「もののあはれ」と「いろごのみ」はどのようにしてあるかがさらに問われる。そしてその問いはただちに次のような命題へと変わる。これは直感物語論の基本命題となる。

命題一　直感物語とは直感が直感を物語として書いたものである。

命題二　直感物語には「情」と「意」が含まれている。

命題三　直感物語には「もののあはれ」と「いろごのみ」が「情」として「意」として含まれうる。

命題四　直感物語には「情」と「意」を含む「形」が言葉としてある。

命題五　直感物語を成り立たせる言葉としての「形」のありようは「情」と「意」によって成り立っている。

命題六　直感物語は作者の「自己」と「非自己」の相互作用によって生まれる。

『源氏物語』は前記の命題にあるような領域と働きによって成ったととらえることが可能である。命題六にあるように紫式部の「自己」と「非自己」が相俟って日本文化を代表する作品が一つの奇跡のように生まれた。『万葉集』が生まれたのが第一の奇跡であるとすれば、これは第二の奇跡である。そのことを可能にしているのは日本語の発生と洗練である。『源氏物語』の洗練された平仮名がそのことを証し、果てしなくつづく「直感が直感を語る」がそのことをさらに証している。このような奇跡を可能にしているのは紛れもなく直感である。「書く」は表現であると同時に行動でもある。もう一つの表現である「語る（話す）」もまた表現であると同時に行動でもある。そうであればこそそこでは直感が直感らしく働いている。これまで「直感が書く」とか「直感が語る」とか「直感が分析する」という表現を数多く使ってきたが、これはある意味で自己撞着であり、主語は私でありあなたであり彼であり誰それであってもいっこうに差し支えない。人間であれば老若男女分け隔てなくどの主体においても直感によって書かれ、直感によって話され、直感によって語られる。それではなぜここではこのように直感があえて主題化されるのか。直感論であるからと言えばそれまでだが、ほかに何か理由はないのだろうか。たとえば、「人間が人間を書く」「人間が人間を話す」「人間が人間を語る」では何か不都合があるのだろうか。目的格の方の人間を「人間のこと」とすれば表現上なんら不都合はない。これは直感の場合でも同じであって、「直感が直感のことを書く（話す、語る）」は文章としての通りはよい。この通りのよさが曲者である。「人間が人間のことを…」と言うのと「直感が直感のことを…」と言うのとでは同じ文型ながらその含みもつニュアンスは違っている。人間という言葉には内実があるが、それに比べて「直感」には内実がないかあいまいである。そうであればこそ「直感を語る（話す、書く）」とあえて言うのである。「直感のことを語る」であれば、これは直感分析論である。ここで求められているのは直感物語論であり、「直感が直感を語る」である。紫式部は「直感によって源氏物語を書いた」ととらえられているからである。その「書いたもの」が何であり、どのようなものであるかが問われている。直感論からすれば表象作用と直感作用が一つとして働いていたととらえられる。ここでの文の進み行きもまたこれら二作用によって成り立っていることにちがいはない。どちらも同じように表象作用と直感作用からなるこれら二つの「書く」の差異の最たるものは、すでに述べたようにここには人間が文と同化したありようでは、つまり人間が生きるありようでは登場していないことである。作品における「人間が生きるありよう」の最たるものは登場人物の生きるありようである。だが、それがすべてではない。「描く」なり「書く」なり「読む」なりする主格もまた人間であって、その「生きる」の痕跡もまたそこに残される。その証ははっきりしていて、主格としての人間が目的格としての登場人物に重なるなり循環するなりしないかぎり「描く」も「書く」も「読む」も成り立たない。このことは直感論において自明である。前記のことは「直感が直感を語る」における場合であって、ここでの進み行きのような「直感が直感を分析する」ではそのようにはならない。この場合の「生きる」はとりあえず分析する主格の〈直感〉が働いているだけで事は足りる。事に応じて「目的格」の〈直感〉を人間のものとして分析する場合のそれとしてあれば足りる。今現に紫式部の〈直感〉が目的化されているように。その際紫式部がここで生きてくれれば僥倖であるが、生きてくれなくとも「直感を分析する」は済む。「直感を描く」の場合とは違っている。ここでは表象作用が直感作用より優位なありようで成り立っているが、そうであっても直感作用特有の「生きる」が「書く」に身体のみならず過剰に加わってきていることは筆者の〈直感〉によってとらえられる。ここで始まっているのはすでにして一部直感物語論である。未知の領域が目の前に広がっていてあたかも降ったばかりの雪上を歩くようにここでの言葉は進んでいる。そうであってもここには人間そのものが生きるありようの文章はめったに現れてくることはない。『源氏物語』の多くの言葉がそうであるようには人間そのものが生きるありようはしていないし、もちろん和歌が交じるありようもしていない。『源氏物語』に現れている和歌は『万葉集』の和歌とは違っている。この和歌は物語に融けているありようをし、埋まっているありようもする。そこで働いている〈直感〉の核として「情」と「意」が一つになって文に融け、埋まっている。見えているのはその形としての言葉である。言葉が結果として生まれている。先行するのは「意」と「情」の方である。先行するから埋もれているし、融けている。このことは「直感作用」のうちの「非自己作用」を強調した述べ方である。源氏物語における「語る」は他方で自己作用が特徴化している。

紫式部は知識階級の官職に就く父親の蔵書を通じて早いうちから漢文の書物に接触し、漢文の物語も読んでいる。この「自己」には早いうちから〈漢文化〉が同化している。紫式部の生きた時代は古代と言っても、漢字と融合して新たな日本語の形成が終わったあとであり、〈漢文化〉は単に言語レベルのことだけはなく、仏教、儒教、道教等の諸宗教が書物、建築物、仏像、衣服等の形で移入され、それに何よりもすでに移入済みの律令体制が確固たる形態を取るに至っている。そのような時代を生きる紫式部の「自己」にはもはや前・中期の古代にあった「自己」のありようとは決定的な違いがあるはずである。そうでありながら〈直感〉は同じ〈直感〉であることも相違ないはずで、それを支える「非自己」は「自己」との組合せを特徴づけられる以前の未知の「非自己」のありようも残しているはずである。歌謡を歌う万葉人はそのような「非自己」とともに生きていたと改めてとらえ直される。実際それ以前の古代においても神話を始めとしたさまざまな小さな物語が現に生まれてもいた。

現代を基点とした古代への接近のしかたのうちでこうして直感物語論が直感分析論に重なるようにして始まっている。〈直感〉の目的格になるのは単に〈直感〉に限られず、「直感としての物語」に移行し始めている。「分析」に代わって「物語」が主役（シテ）になり、「分析」は脇役（ワキ）にまわる。だが、そのありようをよく見ればシテとワキが交互に重なり、循環しているようでもあり、ここはまさに〈直感〉の場であると自覚される。換言すればこの場では「物」がシテとしてワキとして二つのありようを重ねて循環しているようでもある。

既述の命題一にある「直感物語とは直感が直感を物語として書いたものである」という言明は、さらなる命題を要求している。この命題で使われている「物語」とは何であるかが不分明である。本章が「物語」を主題化していることからすれば、このことのもつ意味は大きい。そもそも「物語」の「物」とは何であるかについてはすでに触れたが、ここでの文脈で再び問う必要がある。「物」自体がシテになったりワキになったりするありようで浮上してきている。それは単に「物語」という漢語における「物」にとどまらず、「もののあはれ」という日本語の古語においても「もの」が自らのありようを自ら問うている。実際、現代においても「物」や「もの」の二語は日常会話で頻繁に使われるし、前者の「物」のことであれば、これもすでに触れたことだが物理学という学問領域の主人公となって現代文明の牽引的キーワードにさえなっている。それのみならず西欧の古代文明から伝わり現代文化の牽引的キーワードとしてある物概念の特徴は現象学や唯物論哲学にはっきりしている。このことに絵画における「物」の見え方のありようの重要さを指摘すれば前記のことのさらなる傍証となるだろう。ここではこのように大仰にかまえる必要はまったくないが、日本語で「物」や「もの」という言葉がどのように使われているかを改めて押さえておく必要がある。直感論が「一般直感」を主たるターゲットとしていることからすればなおさらで、その点を以下辞典に当たって確認しておく。『広辞苑』によれば「物」および「もの」についての説明はほぼ五ページにわたっている。そのことだけからもこの言葉が日本語においてもつ重要性が首肯される。その冒頭部分で項目別に説明されている。その大分類の第一項となる「物」および「もの」の説明は以下のとおりである。

形のある物体をはじめとして、広く人間が感知しうる対象。また、対象を直接指さず漠然と一般的に捉えて表現するのに用いる。

この説明の内で特に〈直感〉にとって重要な点を抜粋しておけば、「形のある物体」「広く人間が感知しうる対象」

「対象を直接指さず漠然と一般的に捉えて表現する」の三点である。この大分類の第一項の下位項目として十の項が次いで説明され、その文例が表示される。そのほとんどは古語文である。『源氏物語』の古語文例のみ参考上付記する。ほかは説明部分のみを以下列挙する。

①　物体。物品。

②　それとあからさまに言わず、対象を漠然と表す。特に、仏・神・鬼・魂などを忌んで、避けていう語。妖怪。邪神。物のけ。

〈帚木の巻〉「ものにおそはるる心地して」

③　物事。

〈桐壺の巻〉「ものの心知り給ふ人」、〈帚木の巻〉「まことのものの上手」

④　世間一般の事柄。普通の物。

〈初音の巻〉「御簾の内の追風、なまめかしく吹き匂はして、ものより殊にけだかくおぼさる」

⑤　言語。言葉。

〈桐壺の巻〉「母君もとみにえもののたまはず」

⑥　飲食物。おもの。

〈桐壺の巻〉「ものなどもきこしめさず、朝がれひのけしきばかり触れさせ給ひて」

⑦　着物。衣服。

〈若紫の巻〉「もの縫ひ営むけはひなど」

⑧　楽器。

〈桐壺の巻〉「心ことなるものの音をかき鳴らし」

⑨　特に取り立てて言うべきこと。物の数。

⑩ 前後の関係で、言わなくてもわかる物事を漠然と表す語。
〈若紫の巻〉「ものよりおはすれば、まづ出でむかひて」

「物を語る」の「物」とは古代から上記のような概念であったことは、〈直感〉を分析するにせよ、〈直感〉を語るにせよ心に留めておくべき重要事項である。前掲の三点を改めて取り上げてみる。

第一は、「形のある物体」である。これはいわゆる物のことである。「見る」や「触る」などの対象である。物語との関係で言えば、想像上、空想上の「物」へと変容する。〈直感〉にとってこの変容は重要である。存在の仕方の質が変わるからで、「直感を語る」「直感を書く」においてはこの二面性が謎として迫ってくる。「見える」と「見えない」が交差し、循環する。「見える」と「見えない」が重なりもする。

第二は、「広く人間が感知しうる対象」である。第一のように「形」として狭く限定されるのではなく、広くあることである。「広く」の最大のものは「唯一無限の全体性」のことである。直感論では「唯一無限の全体性」は感じることはできるが、直接知ることはできないととらえられている。「分かる」ためには「分ける」が前提とされなければならない。『広辞苑』で「仏」や「神」がこのように例示されていたり、またあからさまに言わず漠然と表すありようのことが述べられているのもいわれのないことではない。

同じ「物」や「もの」の定義であるにもかかわらず、第一と第二とではほとんど対極を指し示していることもいわれのないことではない。実際「物を語る」とはそのようなありようのことを語ることである。それが紫式部の「物を語る」においてその〈直感〉が向き合っていたととらえられるもうひとつの方の〈直感〉のありようである。本居宣長や折口信夫はそれを「もののあはれ」と呼び、「いろごのみ」とも呼んだ。紫式部は「形ある物体」として「物」を語り、本居宣長や折口信夫はその「物」を読んでその本質的ありようを表象として残した。一方に紫式部という古代の物語作家がいて、その後時代を大きく下って近世と現代の二人の学者がいて「もののあはれ」と「いろごのみ」のありようをとらえた。紫式部の〈直感〉が向き合った〈直感〉が〈直感〉として伝承されたのである。

『広辞苑』が第三として挙げているように「対象を直接指さず漠然と一般的に捉えて表現する」物《もの》がはじめに「紫式部」の〈直感〉によって一般的にとらえられ表現され、それよりはるかに時代も遅れて二人の学者の〈直感〉によって再びそれはとらえられ表現された。「もののあはれ」と「いろごのみ」のありようである。これは単なる伝承ではなく、〈直感〉による〈直感〉の伝承であり、そこには口頭による伝承はないが、「書く」と「読む」の書き言葉〈文字〉による伝承がある。二つの〈直感〉が重畳し循環することによってその立場は対極のものとなるが、そのような必然性がかえって伝承を可能にしているのは一種の逆説であり、「言葉」の働きのもつマジックである。

紫式部が「物」を語る（執筆）とき、その前にせよ（下書き）、その最中にせよ（清書）、その後にせよ（推敲）彼女の〈直感〉は「物」と向き合うが、その「物」のありようは彼女の〈直感〉と重畳し、循環する。その「物」は〈直感〉としての「物」となっている。それは単なる「物」と表示するよりも、本来であれば「もの」の表示も重ねておくのが最もふさわしい。それは単に『源氏物語』が平仮名と漢字で書かれているからではもちろんなく、そのことに象徴的に現れているようにこの「物」は「もの」でもありうる。『広辞苑』が五ページを費やして解説しているのもそのことゆえである。「物」は〈漢文化〉を指し示し、他方で「もの」は〈日本文化〉を指し示しているととらえられ、そのどちらもが後期古代において紫式部が『源氏物語』を書いていたときの直感的状況である。その後の〈日本文化〉はこのことの継続としてあり、現代の〈日本文化〉はその最終段階としてとらえられる。これは〈直感〉を主題化したときに見えてくる〈日本文化〉、とりわけ物語文化の特徴である。それは日本における「直感物語」の系譜と言ってもよい。

唐突な飛躍になるが、前記のような系譜に現代の代表的一例としてよしもとばななの作品を位置づけることは直感論の立場から適切である。彼女の〈直感〉は現代のように「自己領域」が「非自己領域」を凌駕している時代となっていてもなお極めて〈直感〉らしくあり、その作品の一つひとつが「直感が直感と向き合って語る」になっている。その作品を今流に「小説」と呼ぶのもはばかれるありようをしている。「小説」という呼称は近代における西欧文学の移入に併せて生まれているが、この呼称のありようには〈直感〉にとって看過しがたい意味が含まれている。現代において小説の定義はかなりあいまい化してきていて「何でもあり」の様相を示しているが、すでに述べた「直感分析」と「直感物語」の分岐がその限界領域を指し示しているかもしれない。日本の古代において「物語」のジャンルが生まれ、『源氏物語』以外にも『伊勢物語』『竹取物語』『今昔物語』など互いに時を重ねて現れ、それらは当時の貴族階級の人々を中心に読まれている。前記のことのうちには〈直感〉を主題化する場合にはなおいくつかの重要事項が含まれている。その一つは、同じ物語と呼ばれていてもその実質はさまざまであり、同じ物語のジャンルでくくれないものもあることである。『今昔物語』がその典型であり、この中には「説話」と呼ぶ方がふさわしいものが多くある。

「説話」という呼称に「説」が含まれていることついては前記の「小説」という呼称との関係で看過しがたいものがある。「物語」との関係ではそのどちらもが「語る」と「説く」との差異性を強調する。これに既述の「分析する」およびそれに近い「論ずる」を加え、さらに「日記」における「記録する」およびほぼ同義の「書く」を付加すれば、そこに古代の「物語」が現代の「小説」へと通ずる道筋が浮かび上がってくる。これらの各呼称のジャンルの共通点は、そのいずれにも人間の「生きる」のありようが多かれ少なかれ含まれていることである。すでに確認したように今現にここで進んでいる文にはそのような要素が欠けている。だが、「説話」と呼ばれるジャンルにもまたその呼称にあるように説明的あるいは解説的要素は色濃い。「説明する」はもはや直感作用ではない。「物」であれ「もの」であれそれを表象として前に立てるからである。それがなお「語る」であり「書く」であるにしても表象作用の核となる「自己」が前面に出る。ここで進んでいる「直感が直感を分析する」の文もまた既存の表象から成っているし、既存の「知る」の内容を説明する。だが、そのありようは古代における「説話」と呼ばれるものの内容とは違っている。後者は仏教、儒教、道教など宗教関係の説明が多く、その関係の偉人や伝承者の「生きる」に関わることについての説明となっている。その例が『今昔物語』に特徴的に含まれている。それもまた「物語」であるのはすでに述べた『広辞苑』の定義からしても頷ける面があって、日本の古代では「もの」には「仏」「神」「鬼」「魂」が含まれていて、このことからすれば『今昔物語』に含まれる前記の「説話」は「物語」と呼ばれる正当性をもっている。そのいずれもが人間を超えるものであることにこのことは特徴的である。

紫式部の〈直感〉が向き合う目的語としての〈直感〉にも前記のことは説話的にではないにしても、この「物語」を根本から支えるものとして特徴的にあり、それが後世「もののあはれ」「いろごのみ」として抽出される。現代においてはこの二概念を正しくとらえることが次第に難しくなっているが、これは現代人の〈直感〉において「非自己」の要素が希薄になっていることの反映ととらえられる。現代人もまた「もののあはれ」を知ることはできるにしても、それを感じることは「自己」のうちに埋もれ、あるいは「自己」に沿ってかろうじて可能となっているととらえられる。そのありようはマナーであったり、風流であったり、知識であったりして最終的には「自己」に吸収されている。そこでは「感じる」は「知る」なしではありえなくなってきている。古代における前記の宗教的説話のありようは『源氏物語』にも影響してきていて、その物語の最終部で光源氏の次世代の浮舟が入水自殺未遂をして出家する経緯、さらに紫式部がある時期この物語を大津の石山寺にこもり執筆していたと伝えられる逸話を添えれば、この長編物語の核心に「自己」からの宗教的離脱が視野に入っていたであろうことは容易にうかがわれる。このことについての本居宣長の論説は直感論といささか異なる面があって、彼によれば『源氏物語』の大要は「もののあはれ」と「いろごのみ」に尽き、漢文化的要素は排除され、日本文化の特徴をこの二概念に集約させる。本論はこのことにとくに際立った異論があるわけではないが、それは『源氏物語』の根として「和歌」や「歌謡」を強調する視点でありそのこと自体にもそれで何の異論もない。だが、『万葉集』の時代から下って古代後期の平安朝の時代となれば、前記したようにその当の時代を生きる人間には新たな「自己」が生活、文化、政治等をとおして特徴化することも自明であろう。現代人の「自己」が天地をひっくり返すようなありようになっている事実一つを取り上げてみてもこのことは明らかである。その点は本居宣長の江戸時代でも同様だったはずで、中国にとどまらず世界の文化、学問の波が次々と島国日本に寄せてきていた。医学を学ぶ宣長にとってもその影響は大きかったはずである。現代においてはこのような時代的変化の大きさ、速さはその極限にあり、他の外国文化はそれ自体互いの異文化性を軽減したり呑み込むなりし、自他の差異としての境界の壁はあたかも大津波によってもろくも壊されるかのように消えている。だが、このことは〈直感〉に限って見れば当たっていない。紫式部の〈直感〉が平安時代に向き合っていた直感的状況、また本居宣長の〈直感〉が江戸時代に向き合っていた直感的状況それぞれにおいて日本と世界の関係における自他の差異性はそれぞれ固有のものとして際立っていたはずで、その点は現代においてもそれが〈直感〉のことであるかぎり変わりはない。それぞれの時代的、直感的特徴によって各時代の文化的自他の差異性が特化される。

前記のいずれの場合でもそこに二種の直感的文化状況が交わるかぎりで、国民が気づくにせよ気づかないにせよ直感特有の類比現象（アナロジー）が生まれる。その際そのアナロジーの扱いにうまく対処できないときには、「自国」のありようを特化するか、逆に「他国」のありようを特化するかすることが起こりうる。このことはとりわけ物事の明らかさや確かさを求める立場にある場合（たとえば学問的立場）には特徴的になりうる。アナロジーのもつあいまいさを性急に取り除こうとして自他どちらのであれ文化のありようについて「分ける」を進め、その末で「自国」に固執すれば「自国」が強調され、逆に「他国」へとなびけば「他国」を強調することとなる。端的に言って、前記の点が紫式部の場合には違っていたと直感論にはとらえられる。それが『源氏物語』が成った奇跡のありようであるととりあえずとらえておくことが可能である。『源氏物語』では「もののあはれ」と「いろごのみ」とは一見互いの違和性を表現するが、同時に他方で融和性も表現しているととらえられる。このことと前記の文化面での自他の差異性とその強調化、分離化はどのように関係しているか。このような問いが新たに生まれる。このような「もののあはれ」と「いろごのみ」の関係は互いに対抗的二面性をもちつつ、他方で補完し合うありようをしているととらえられる。直感論からすれば「もののあはれ」は「非自己」を指し示し、「いろごのみ」は「自己」を指し示しているととらえられる。このことからすればこの両者は「自己」と「非自己」の関係がそうであるように互いに対抗しつつ補完し合っているとしてもなんら不思議ではない。換言すればその二要素は重畳し、循環している。加えて、「非自己」が「超越」と「根源」の二要素から成っていてやはり互いに重畳し、循環しているととらえられていることからすれば、前記の補完性の理解はなお補強されるであろう。その際、「超越」の方に「心」が属し、「根源」の方に「身体」が属していると とらえれば分かりやすい。そのどちらをも含めて「物」と呼び「もの」と呼びうることを考慮すれば、なお分かりやすくなるであろう。これら「自己」「非自己」「超越」「根源」にそれぞれ「表層」と「深層」があるととらえれば、すでに「意」と「情」の二層化も想定され、これらを人間の「生きる」に反映させれば「日常性」と「非日常性」が身近なものとなる。これらの指し示しは「人間は日常性を生きつつ非日常性もまた生きることもありうるし、逆に非日常性を生きつつ日常性もまた生きることもありうること」を告げている。

紫式部の〈直感〉が向き合って形にした〈直感〉がわれわれに前記のことを教えている。『万葉集』の生まれた奇跡に次ぐ第二の奇跡はこうして成ったととりあえず〈直感〉にはとらえられる。だが、そうは言っても事はそう単純ではない。もともと「もののあはれ」と「いろごのみ」の概念内容がまだ不確かである。とりわけ「いろごのみ」については引き続き検討の必要性が大きい。本居宣長の導きに従えばそれなりの結論が出るにしても、すでに述べたように現代における「直感物語論」が向き合うのに江戸時代の本居宣長の『紫文要領』をそのまま参考にはできないからである。

宣長の学的偏りが紫式部の〈直感〉を歪めていることもありうる。そうは言っても『紫文要領』が『源氏物語』への理解を深めさせてくれることもまた事実であり、そこでは「直感による伝承」があって、紫式部から近代、現代へと「もののあはれ」や「いろごのみ」の二概念の伝承が実現していることについてはすでに述べた。そのありようのことをすでに「書き言葉」のもつマジックとも呼んだ。「書き言葉」は「話し言葉」とは違って明らかな証拠を後世に残す。だが、一人の人間の〈直感〉のありようが他の人間の〈直感〉にそのまま伝わるかどうかについては慎重でなければならない。繰り返しになるが、一つの時代の「自己」と「非自己」の組み合わせのありようが他の時代の

「自己」と「非自己」の組み合わせのありようと大きな差異を含んでいることはむしろ当然とさえ言える。直感論的に見た「唯一無限の全体性」からすれば、そのありようが維持されるためには人知では測りえない〈直感〉の変容が必然となるからである。単に人間の変化にとどまらない変化が必然的に寄り添うはずである。現代における「物」の専門領域であれ「もの」の専門領域であれ、この複雑さに正面から太刀打ちできる方法はまだ見つかっていない。世界の原始や古代に多くの神話が生まれ、多くの歌謡が生まれ、多くの物語が生まれているのもそのゆえんであると分かれば、その趣旨が本書の目的であることも改めて知らされる。

「自己」と「非自己」の組み合わせのありようともなればそのとらえがたさは無限でありうるが、直感論からすればこのことは前記したように学問のような明らかさや確かさを求める立場では避けて通れない困難な関門になる。前記したように「アナロジー」事象のとらえ方においては、そのような立場にあっては「分析する」が足枷になって自他の差異が強調されてしまうことが起こりやすい。「分析する」ではなく「物語る」が方法として取り入れられることがあえて必要になるのはこの難題を克服しようとするときである。本論の〈直感分析〉が〈直感物語〉に重なってきているのも一種の必然であろう。極限的アナロジーを支えるには〈直感〉のみでも不可能になってきている。

宣長が『源氏物語』を分析しようとして論証を奇貨とすればするほど「物語る」からは離れてしまうという〈直感〉の現象が危惧されるのである。「あいまいさ」は「あいまいさ」として残すことによって、目的としての〈直感〉をそのままとらえることができなければならない。「直感物語」としての『源氏物語』はそのようにして成っていて、そうであればこそこの奇跡的な作品が現代にまで宝物のように伝承されている。そのような「直感物語」を分析するのであれば論証によってではなく〈直感〉によって分析することが必須だが、加えて「分析する」の鋭さを和らげることが必要となっている。それに伴い〈直感〉のありようも「鋭さ（錐もみ状の働き）」よりも「鈍さ（ながめる働き）」に重きを置くことが求められている。インド、中国文明に根をもつ「洞察」やギリシャ文明に根をもつ「本質直観」が、その本来の原初的直感状況への回帰を要請されているようにも見えてくる。〈直感〉は原初の本来性においては、日本古代の歌謡に特徴的な「あいまいさ」として根源的あるいは超越的ありようをしていたととらえられる。論証によって「もののあはれ」がとらえることができたにしても、「いろごのみ」の方はそのようにはいかない。そのどちらもが「感じる」であるにしても「いろごのみ」には「身体」と「社会」が否応なく迫ってくる。「もののあはれ」もまた一筋縄ではいかないが、「いろごのみ」の方はそれ以上に一筋縄ではいかない。『源氏物語』の文化的遺産としての奇跡性とはそのような意味を含んでいる。紫式部によって書かれている日本語はすでに述べたようにただごとではないありようで生まれている。これまでの文脈で「もののあはれ」については多く触れてきたが、「いろごのみ」についてはは直接には取り上げてきていないことにいわれがないわけではない。この二概念はすでに述べたように、古代後期の紫式部の〈直感〉がその時代の〈直感〉のありようと向き合い、そこでとらえたことを言葉の形として残したことのうちに端を発している。そこでは〈直感〉が二重化、三重化している。

紫式部の「直感」が事の発端と言えばそのとおりだが、それが「直感が直感を語る」であることからすればこの目的格の方の「直感」が先になければならないこともすでに述べた。だが、そうは言ってもそのように先んずる「直感」が紫式部の「直感」によってすでにとらえられていたであろうことも真である。なんとなればその既存の「直感」が紫式部の「直感」によってとらえられるまえにあったにしても、そのときすでに紫式部のうちにも「直感」が「直感」としてすでにあって、そうであればこそ紫式部の「直感」の目的格となる「直感」も見いだされているはずだからである。そのどちらにも「人間が生きる」があるとすれば、そのどちらの「直感」が先であるかを問うことには意味がなくなる。「もののあはれ」については、紫式部一人の「直感」があり同時に目的格としての「直感」があればここでの〈直感分析〉ないし〈直感物語〉にとって用は足りている。この二つのありようの直感が「もののあはれ」を指し示してくれているからである。加えて本居宣長や折口信夫の知見なり直感なりを参考にすれば「もののあはれ」に接近することが可能であった。

改めてこれまでの進み行きを振り返ってみれば、もう一つの鍵概念である「いろごのみ」の方に触れる機会が少なかったのは筆者の恣意によるのではない。強いて言えばそれは筆者の「自己」に寄り添う「非自己」のなせるわざなのだが、そう述べるのも無責任な話であり、「いろごのみ」について言及することがこれまでのところ不可能であったからと言えばよいかもしれない。だがこのような述べ方もなお正確でなく、不可能と言うよりもそのことが筆者の「気づき」つまり「自己」に触れてこなかったと言うのがより適切である。このことを精神分析論の立場で述べれば抑圧されていたということになるかもしれない。だがこの指摘が適切でないことは直感分析論にとってはただちに指摘可能であり、「いろごのみ」の取り扱いようが筆者の自己には分からないことに加え、今こうしてそのことを述べ始めた段階に到ってみれば、このような進み行きこそが直感分析論と直感物語論を可能にする唯一の道であったと合点される。この進み行きを可能にしていたのは筆者の「自己」に寄り添う「非自己」の導きによると分かる。ここでのこれまでの進み行きにおいて直感分析論が直感物語論と二人三脚のように展開していることに前記のことは如実になっている。本節で「物語」が始めて主題化されていることには重い意味が潜在していて、本書全体の進み行き（目次参照）と密接した事項であった。最終的目標が「神話」と「民話」との関連で直感が問われていることからすればこのことは直感にとって自明であり、副題を別にもう一つ付するとすれば「直感物語論の試み」となってもよいのである。そのようにすれば「いろごのみ」の方が「もののあはれ」を押さえ込むように前面に出てくることになったはずである。「物語」にとって欠かせないのは「もののあはれ」であるよりも「いろごのみ」であることは、「物語」の原点としての「神話」であれ「物語」の終末である「小説」であれともに言えることである。

神代の時代から人間には男女があり、その人間関係の本質については現代においても変わりはない。すでに扱った「歌謡」における「歌垣」のことを思えばこのことはただちに了解可能である。「物語」に限られなくとも「もののあはれ」と「いろごのみ」は同列に並ぶ。と言うよりもすでに述べたようにこの二概念は分かちがたく一つになっている。「もののあはれ」と「いろごのみ」の二概念の区別について軽々しく言及することは、各時代での差異を考慮すれば軽率とも言われかねないであろう。この二概念は「物語」にとって不可欠の要素となっていて、とりわけ『源氏物語』の書かれた平安時代には「物語」のみならず文化全体の土台を支えていたであろうことは容易に想像できる。このような区分のみならずそれらの概念そのものがあいまいになるか消滅しているかする現代では、この二概念を仕切ること自体が無意味となっている。日本の現代文学における純文学小説が現在崩壊途上にあるかにも見え、他方大衆小説が映像文化への吸収過程にあることを見ればその事態は深刻である。文化の根源が失われることと「直感」が失われることとは同一だからである。このような現代の文化的状況のありようを解くためには遠く「物語」の原点に遡ることが不可欠であるととらえられる。「いろごのみ」については引き続き直感との関連で述べることは多々あるが、そのためには『源氏物語』が紫式部によって書かれた動機に詳しく立ち入ることが必要である。そのためには紫式部の直感にさらに深く立ち入ることが不可欠であるほか、この作品が生まれている時代的背景にも広く視野を向けることが同時に求められる。とりわけこの作品の成った平安時代は藤原氏による摂関政治が強固となる段階にあり、実際この物語の主人公光源氏のモデル問題まで考慮に入れればなおさらである。加えて本章で幾度か触れてきたようにこの時代は日本が自らの書き言葉を自らの言語としてもつことに着手する大事業を終えてまだ間もない時期にあり、この問題のもつ意味の大きさはいくら強調しても強調しすぎることがないと述べつつ本節は始まった。この時代の重要性の証は、飛鳥・天平時代の日本の歴史がいまだその大半が謎に包まれていると言うよりもむしろ没している状態にあることにおいて歴然としている。歴史的事実の証明は物的証拠を離れては難しく、それゆえに物的証拠のみが根拠として祭り上げられて先行し、政治であれ文化であれ根源が霧に隠れたまま現代はなお今としてありつづけている。現代の先行きは日ごとに不分明さを増しているが、ちょうどそれを鏡に映しでもするかのように日本古代の前・中期は不分明さを増してきているようにもとらえられる。このような霧を晴らすには直感によってしか方法がないことも直感自身によって深刻にとらえられる。だが、この場は『源氏物語』を主題として論ずる場でないばかりか古代の謎を解く場でもないことからすれば、このような文脈の進み行きはこの程度にとどめるよりない。

本項の最後に再び「直感物語論」に簡単に触れ、次項の『遠野物語』へつなぐこととしたい。ほかでもない「直感が直感を語る」のことである。このように表現される際の目的格の方の「直感」についてである。これは単に「物語論」にとどまらず直感論としても重要である。そもそも直感とは何であるかが改めて本節の進み行きのうちで問われてきている。直感は「自己」と「非自己」から成るというのは直感論の本質的事項であるが、これまでこの事項については主格としてのありようのみを前面に出して考察してきたきらいがある。人間にとっての「生きる」が直感の本質的ありようであることからすれば当然のことだが、直感論にとっては「主格」と「目的格」は互いに重畳し循環することを本質としており、これでは不適切である。少なくともそのどちらもが直感と呼ばれるかぎりにおいて両者は同等に扱われなければならない。このことは何を意味しているかと言えば、目的格の直感には主格の直感と同様に「自己」と「非自己」が属しているということである。その際、これらの二要素は何を意味しているのかという問いが残っている。直感分析論的方法の原点としての非行少年の査定においても同様のことが含まれていたが、これまで改めて非行少年の直感のありようをとらえるという視点はあまり取り上げてきていない。そのことに触れるにしても文脈上の寄り道にすぎない程度で済まされてきた。だが、本章のように「直感が直感を語る」が主題化されれば「語る」の目的格のもつ意味はいっそう重みを増してきてくる。このことは「源氏物語」を分析することによって明らかになってきたことである。「物語」の本質は「語る主体」としての「語り手」の方にももちろんあるが、それと同じ程度に「語る客体」としての「語りの内容」にもあることは当然であろう。そうであれば主体の方の直感に「自己」と「非自己」があるように客体の方の直感にも「自己」と「非自己」がなければならないのも当然であろう。だがその場合の客体が「語り手（紫式部）」あるいは「被分析者（非行少年）」とは違って人間そのものでないありようをしていることは特殊な事態である。『源氏物語』の直感分析によってこのことが改めて明らかになったが、「もののあはれ」についてはともかく「いろごのみ」については人間のみが主題化されることもまた論をまたない。「いろごのみ」が勝れて人間関係であることからすれば、この人間の方の直感にも「自己」と「非自己」が属していることは紛れもない。非行少年の査定の場においてもそのことは同様である。少年鑑別所の直感分析では非行少年の「生きる」が査定の対象となるととらえられ、その場合の鍵は非行少年の「生きる」である。その結果として直感分析で使われる言葉はすべて実存概念であるととらえられることにもなり、改めて言葉との関連で直感概念が浮上した。

「直感が直感を語る」においても前記のことは同じである。直感とは「生きる」を本質としていることからすれば当然である。だが、物語の場合には、登場人物がいるにせよいないにせよ、またそれが単数であるのか複数であるのかにせよ、そこに「生きる」を確認することが大切である。この「生きる」は当然のことながら登場人物の「生きる」であるが、登場人物が見当たらない場合でもそれが「物語」であるかぎりにおいて「生きる」はどのようなありようにせよあるはずである。なんとなれば登場人物がいる場合でも、その「生きる」に先立って直感状況はすでに始まっているはずだからである。物語の「語り手（紫式部）」の「生きる」がすでにあって、その「生きる」との関連で直感的状況はすでにあって紫式部の「生きる」と一つになっているはずである。そうであればこそあの奇跡的な「語る」が始まることができたのだし、あれだけの長い物語が可能にもなったのである。その全体的ありようが「もののあはれ」であり、「いろごのみ」であったもののありようである。紫式部の「直感」の「自己」と「非自己」が、そしてそのそれぞれの「根源」と「超越」がその形以前のものをとらえ、それを日本で生まれて間もない書き言葉によって「形」にすることが出来たのである。「根源」と「超越」の向こうに「形以前」が埋もれてあり、あるいは超えてありえたからこそ「空無」とともに形になりえたのである。これこそが奇跡と呼べる唯一のありようである。

前記のことを再確認し、次節では同じ物語であっても『源氏物語』とはまったく違う『遠野物語』を取り上げ、ひきつづき「直感が直感を語る」の直感分析を進めることとする。この方の「語る」は「書く」ではなく、文字通りの「語る（口承）」が中心となっている。そこでは「書き言葉」は物語として使われておらず直感状況はなおいっそう霧に包まれている。

（二）『遠野物語』

本章で『源氏物語』と『遠野物語』を取り上げていることに特段の理由があるわけではないが、この二つの物語はどの点から見てもその実質的共通性は乏しい。むしろその差異性こそがすべての点で目立っている。そうでありながら、あるいはそうであればこそこのどちらの物語も直感にとって意味ありげであることも確かである。前節で見たとおり『源氏物語』の文学的価値の高さは歴然としており、あのような長い物語があのような古い時代に、しかも独特なありようで生まれていること事態が驚異である。その文学的価値は現代において世界的にも認められてきている。他方『遠野物語』は東北の一山村の一介の村民から聞き知った話を物語として纏めた掌編にすぎない。もちろんこの著者の業績全体が柳田学と呼ばれるスケールの大きさを考慮すれば、このような対比の仕方が間違っていることも確かである。この際立った差異性はむしろその両者が「物語」という同じジャンルに属していること自体によってそれぞれの作品のもつ価値の貴重さを示しているととらえられる。それにしても一見差異ばかりが特徴的なこの二つの物語が共に物語と呼ばれていることのうちに一体何が潜んでいるのだろうか。日本の数多くある物語からこれら二つの物語を直感に選ばせるものはそもそも何なのだろうか。とりあえず求められているのはこの問いの解である。そうだとすればここでは『遠野物語』における「直感が直感を語る」はどのようにしてあるかという問いから始めるのがよいだろう。実際、すでに今現に「直感が直感を語る」がこうして始まっている。

前記したように『遠野物語』には紫式部に対応するような作者がいない。作者は不特定多数である。だがこの言い方には二つの問題点がある。この物語にとっての「作者」とは何であるかがはっきりしない。加えて「不特定多数」ということの意味もまたはっきりしない。この「物語」には作者はいないが、物語の収集者および執筆者がいる。柳田國男である。加えて、作者はいないが語り手がいる。この語り手は単に最終の語り手である佐々木という人物に限られるわけでもない。『遠野物語』の冒頭に三ページにわたる「まえがき」が添えられているので、以下その書き出しの部分を転載する。

この話のすべて遠野の人佐々木鏡石君より聞きたり。昨明治四十二年の二月ごろより始めて夜分おりおり訪ね来たりこの話をせられしを筆記せしなり。鏡石君は話し上手にはあらざれど誠実なる人なり。自分もまた一字一句をも加減せず感じたるままを書きたり。思うに遠野郷にはこの類の物語なお数百件あるならん。我々はより多く聞かんことを切望す。国内の山村にして遠野よりさらに物深き所にはまた山神や山人の伝説あるべし。願わくはこれを語りて平地人を戦慄せしめよ。

この物語の断片を柳田國男に語ったのは「佐々木鏡石（本名喜善）」と呼ばれる人だが、語り手としては佐々木氏に語った語り手もさらに含まれ、この連鎖あるいは重なりは無限に遡りうる。佐々木氏は本来の語り手ではない。本来の語り手は前記のように無限に過去に遡りうるし、その純粋性を重視するならこの語りの内容と重なる経験を自らのものとしている人にまで遡らなければならない。それこそが本来の「語る」である。紫式部とのアナロジーはそこまで遡らなければ成立しない。一方が「書く」であり、他方が「話す」であるにしてもそうである。このことの鍵となっているのは「口頭伝承」である。伝承にはかならず伝承としての始まりがある。だがその伝承としての始まりは完全な伝承ではなく半分の伝承つまり自らには「受ける」のなかった伝承である。そこから「受ける」の伝承が伝承として始まる。始まりとしての伝承には「受ける」がなかったのである。だがこれはあくまでも「伝承」は始まりがあるとしての話である。「伝承」には始まりはないという考えからすれば自らには「受ける」のない伝承は伝承ではない。このことからすれば伝承は厳密には言葉としての無から始まっている。これはいかにも直感のありようである。『遠野物語』は果たして無から始まっていると言えるか。問いはこのように変わる。

すでに述べたように『遠野物語』は「直感が直感を語る」であり、『源氏物語』とその点は変わらず、そのありようが「物語」の本質ととらえられている。ここで「物が物を語る」を特化しておいてもよい。このことのうちに現象学が言う「事象が自らを示す」と同じありようの事象が見えてくる。この主体は「事象」である。「事象が自らを語る」が事象として生じている。だが、このアナロジーでは均衡が欠けている。事象は自らを示すことはありえても自らを語ることはできない。「事象が事象を語る」と「物が物を語る」は確かに一つのアナロジーだが、「事象」も「物」

も語ることはありえない。だがそのように言い切れるためには改めて「語る」とは何であるかが問われなければならない。現象学が述べるように「事象が自らを示す」はありうるし、「物が自らを示す」もありうる。と言うよりもそれは直感論としては日常的なことでありうる。さて、その場合の「語る」とはそもそも何であろうか。

「人が語る」の意味はすでに西欧哲学が解決済みである。厳密には表象化作用のことである。「言葉」が存在するようにすることである。そうであればこそ「物が物を語る」がありうるし、「事象が事象を語る」もありうる。「物」も「事象」も言葉がなくても「物そのもの」、「事象そのもの」として存在しうるからである。だが、それはそれまでのことである。「人が語る」のありようがそれまでのことであるのと同じである。だが、「直感が語る」は違う。その言葉は存在として止まらないし、没してしまうこともありうる。そのことによって「直感」にとっての「生きる」は可能になっている。前項で『源氏物語』における「直感が直感を語る」のありようを見たが、『遠野物語』においてはどのようにして直感が直感を語るのか。これが本項全体の問いであり、直感物語論は引き続きこうして進む。『遠野物語』の本質は「直感が直感を語る」ととらえられるが、その鍵を握っているのは「伝承」である。これは単なる「語る」ではない。『源氏物語』が「読む」を当てにしていたようなことはここにはない。またそれが単に「書く」でなく「話す」であると言うのでもない。この「話す」には「聞く」が同時的にあるのが普通であり、そうであればこそそれは伝承である。このような伝承のありようにおいて問題となるのは、これもすでに述べたが『「聞く」を自ら経験しない原初の「話す」』のありようである。これは伝承の発端であるが、その場合の「話す」は伝承としては半分の意味さえもない。本質的にはここには「伝承」すらない。そもそも「話す」そのものが伝承であるとすれば、「話す」は「話す」のみで伝承として完結しうる。その意味では『源氏物語』における「書く」も伝承のうちにある。図らずも『源氏物語』と『遠野物語』の共通性がここで浮上する。伝承性である。このことは「物語」よりもさらに遡って「和歌」や「歌謡」においても同じであり、それらにおいても「伝承」としての共通性が一貫している。これは人から人への伝承のことである。ここで『遠野物語』が新たに提起している「伝承」は前記のようなことではない。一つには「伝承の始まりであり原初でもあるものとは何であるか」という問いの提示であるが、これについてはひとまず「人から人への伝承」ということで解は出ている。問題はそれを次から次へと伝承することの意味であるが、この方についても歴史性の概念を導入すれば解の一部は出ている。前者を「コミュニケーション」とし、後者を「歴史」と括れば分かりやすい。だが「物語」は単なるコミュニケーション様式ではないし、単なる歴史書でもない。「物語」はそもそも何を伝承するのか。問いはこのように変わる。「直感が直感を語り、直感が直感を伝承する」と即答するにしても、その場合の直感とはどのようなものであり、どのようにあるのかが引き続き問われる。そもそも原初の伝承という一見自己撞着を含む「伝承」とは何であろうか。誰から受け取ったものでもないものを誰かに伝承するということにはほんとうに自己撞着が含まれているのだろうか。紫式部が『源氏物語』という作品を残したのもそのようなことであったのではないか。その場合、紫式部にとって伝承とは何を意味しているのか。紫式部にその作品を後世に残したいという意図があったにしても、その意味は何であろうか。後世に残すという個人的名誉欲があるとして、それはどのような名誉欲なのだろうか。だが、名誉欲は本当の伝承のありようだろうか。これは直感の働きではなくその要素としての紫式部の「自己」の働きである。もしそのようなありようを肯定すれば、紫式部にもその時代に特徴づけられる「自己」があったということである。これは「もののあはれ」とは別の方向を指し示す。これは『源氏物語』における自己矛盾、自己撞着である。鍵は引き続き「もののあはれ」が握っている。依然として「もののあはれ」が「いろごのみ」に優先する状況が続いている。直感の本質的なものが「もののあはれ」には属しているらしいことがうかがえてくる。だが、これは本論の進み行きでは後戻りを意味している。

『遠野物語』は前記の『源氏物語』に仮想される自己矛盾、自己撞着を克服するためにここに用意されているところでの直感によってとらえられる。こうして「直感が直感を語る」が引き続き進行する。これは今なお直感物語論である。本項に到っていよいよそのようになってきている。紫式部がここで生き始めているし、すでに述べた「遠野物語」の内と外の関係者がそれぞれ生き始めている。前記したように『遠野物語』の伝承の原初の伝承者が想定されるが、この伝承者における伝承の意味とは何であろうかという問いが新たな装いで再浮上する。この原初の伝承者には固有の自己がない。「語る」には「自己」が必要なのは言うまでもない。言葉が発せられなければならないという事態がそのすべてを明かしている。原初の伝承者がどのような言葉を発するにせよ、言葉がそこになければこの伝承は始まりとはならない。だが、そこに言葉があるだけで伝承は始まるか。紛れもなく否である。話し言葉は「没する」を本質とする。この言葉のありようは直感そのもののありようを示している。言うまでもなく「直感」もまた「没する」を本質としている。「直感」が「直感」として浮上するためには「話す」なり「書く」なりする「言葉」があるか、さもなければ「身体」があって「動く」がなければならない。

『遠野物語』の原初のありようは「言葉として話す」が先行するありようをしている。だが、それだけで足りないことが「身体として動く」のありようによって指し示されている。「言葉として話す」のままであれば事は没してそのままに終わる。「話す」なり「書く」なりする「原初の人」が残されて事は終わる。だが、ほんとうにそれで事はすべて終わってしまうのか。この論述の過程でこれまで生まれてきたすべての「問い」は最終的にこの「問い」に集約されてくる。そこには「話さないあるいは話せない人間」が人間の原初としてある。人間の始まりはすべてここから始まる。人類の起源としてそうであるばかりか、個体の人間の始まりとしての乳幼児もまたそうである。ここには「言葉」がないから「話す」がない。伝承する資格がそもそもない。これは伝承の極限的状況である。

「原初の伝承者」には伝承の資格があったが、「原初の〈人間〉」には伝承の資格もない。「言葉」としての〈先〉つまり〈既存のもの〉がないのはもちろんのことだが、そもそも「言葉」がない。そこにもなお「没する〈潜在する、以下同じ〉言葉」があるとすれば、その言葉は自らの〈後ろ〉を指し示しうる。「根源」はいつも〈後ろ〉にありうるからである。「言葉」がなければ「没する言葉」は自らの原初としての〈後ろ〉を指し示すよりない。そこにこそ直感はある。それは「非自己」としてありうる。「非自己」は言葉を必要としていない。「没する言葉」があるだけでよい。これは正しくは「言葉」ではない。「意味」である。しかもそれが「没する言葉」の意味であるとすれば、深層の意味つまり「意味B」あるいは「意味C、D、E……」である。だが、これらのことは「話さないあるいは話せない人間」に関してのことである。

『遠野物語』の「原初の伝承者」は「話さないあるいは話せない人」ではないであろうと推測が成り立つ。「物語」が成立するためには「話す」は前提条件としてある。それではこの「原初の伝承者」には「言葉」について何事が起こっているのであろうか。「言葉」が一時的に成立しない事態が想定される。この論の進み行きの結句となるのはおそらく「不思議」あるいは「不可思議」であると想定されている。実際、柳田國男の『遠野物語』にも著者の解説中に「不思議」という文字が鍵概念として散見されている。「不思議」にせよ「不可思議」にせよ、それは「思う」や「議」が成り立たない事態である。民話一般がそのような「不思議」を鍵概念として伝えられていることについてもここで触れておく。柳田は昔話が綿々と伝えられている背景に「聞く」側に立つ子どもたちの存在を強調してもいる。子どもにとっては「不思議」や「不可思議」は日常生活で過剰すぎるくらいあるはずだが、そのような「生きる」のあり方の純粋性が「物語」をそのまま聞き取って脳裏に焼き付け、後に子どもが長ずるにつれて「不思議」と「不可思議」が現実のものとなって改めて後の世代に伝えたい、伝えなければならないという動機となる（これは柳田の考えを筆者流に述べたものである）。それはそのとおりだと筆者も思うが、そのことを踏まえてここでの文脈にあえて戻ってみる。大人にとっての「不思議」や「不可思議」は子どもとは違って常識や知識を前提とした感性にとっての「不思議」や「不可思議」であるとすれば、その度合いは子どもたちのそれを超えるものであることも確かである。それはそれで誰かに伝えなければ心が安らがないであろうこともよく分かる。子どもにせよ大人にせよ「言葉を失うからこそ言葉にしようとする」。この逆説こそが「原初の伝承者」に起こる一般的な心理ではなかろうか。「不思議」の「議」に「言葉」と「意義」が含まれていることにこのことは象徴的である。「不思議」や「不可思議」に出会ったとき「言葉」が成り立たないのは「意味」が失われているからであると分かる。これはとりもなおさず直感の極限的ありようである。そこでは「意味」がないから「言葉」も見つからない。西洋哲学はこのようなありようの心の状態を「純粋直観」と呼んでいる。その際にはその「意味」にふさわしく「言葉」は「超越」から降りてくる。このような直感はカントに代表される哲学やフッサールに代表される現象学ではその方法の中心概念と位置づけられている。これは一種の超越論を意味するが、本論の立場からすれば「言葉」は「超越」から降りてくるばかりでなく「根源」から湧き出てくることもありはしないかと疑義が浮かぶ。直感論ではそのどちらもが「非自己」の要素ととらえられているからでる。直感は「根源」として没し「超越」として超えている。そして、時には「超越」からであれ「根源」からであれその姿をあらわにする。このようなありようこそが「言葉」の発生、「言葉」の原初であろうととらえられる。前記した「伝承」の発生、「伝承」の原初も所詮このことに行き着くととらえられる。直感は表現すべき言葉を失い、そのあるがままのありようを言葉に託そうとする。これこそが「直感が直感を語る」の原初であろうととらえられる。この点に関係して柳田自身の残した「放送二題」という活字になったものに興味深い文章が残されている。その一つの題目は「鳥言葉の昔話」となっている。文字通り鳥の言葉についてのことである。以下、柳田のその箇所の文章を一部抜粋して紹介する。それは放送で述べたものを活字化したもので、論旨は「世界各地に非常に似通った民間説話が数多くある」というもので、論調は次のような表現を経て柳田の肉声があたかも直接聞こえてくるような強さを増していく。

　この驚くべき昔話の世界的一致は、まだ片端だけしか原因が明らかになっておらぬのです。そうしてこれがまた我々の学問の、大きな刺戟とも希望ともなっているので、世の中にはまだまだこれから、学んで覚りうることが多いという、心強い証拠が提供せられているわけであります。その一つの実例として、鳥言葉という昔話について、私の知っただけをお話ししてみましょう。この問題では、世界の最も有名な学者三人まで、既にその研究を発表しております。（以下筆者注　このように述べ、その業績が語られる。三つの研究は、「動物言葉の昔話」「ラングエジ・アニマルス」「動物の言葉」と題する。それに続く説明は割愛するが、この種の昔話が世界的に広がっている事実を指摘し、その原点はインド文明の「ラマーヤナ」「マハバーラタ」にまで遡ると考えられていると述べ、次いで日本の事情へと話は続く。）……日本にある鳥言葉の昔話は、私の集めた『日本昔話集』に、『聴《きき》耳頭巾《みみ》』という名で出ているのがその一例であります。これは岩手県の猿ケ石川流域で採集されましたが、（中略）東北の方の聴耳頭巾は、被ると鳥の言葉がすっかりわかる赤い頭巾でありました。ある一人の貧乏で信心深いじい様が、氏神のお稲荷様から頂戴したことになっておりますが、（中略）狐を助けた恩返しに、狐の親から貰ってきた聴耳草紙という宝物を耳に当てますと、鳥・獣・虫の声がすべて人間の言葉に聞こえるという話もありまして（以下略）。

要は、人間以外の生き物の言葉が聞こえるという特権が褒美として与えられることが鍵になっている。これはちょうど現代の人間社会で同時通訳が広がっているアナロジーとして「生き物間の同時通訳」が物語の主題として語られていたということであり、それが古代から世界的な広がりで現象化していたという学問的認知に柳田は驚愕と言ってもよいような感動を抱いて放送番組の中で話している。

前記の場合の「生き物」を単に「物」とすれば、話は「物の言葉」へと広がり、ここでの文脈に最接近してくる。本論が「物が自らを示す」と言い、現象学が「事象が自らを示す」と言うとき、言葉は単に人間や生き物に限られるのみならず、「物」や「事象」自身にもまた言葉が属しうる可能性を告げているととらえられる。実際カントは前記したように「超越」から降りる言葉を聞いていたのかもしれず、古代民話が告げる「生き物の言葉を人間が聴く」ことの可能性は、「根源」から湧く言葉を古代人は「生き物の言葉」として聞いていたのかもしれないのである。それは正に「不思議」と「不可思議」そのものを指し示しているが、そうであればこそいっそう言葉は生まれるべくして生まれているととらえられる。言葉はひとり人間に限られる表現媒体ではないことを、遠く古代から世界の全域で無数の物語の伝承そのものが告げている。これが伝承の原初のありようであり、伝承の世界的広がりのありようであるととらえられる。「直感が直感を語る」は『源氏物語』にも『遠野物語』にも該当し、それこそが「物語」の本質的ありようとしてとらえられているが、その鍵概念が言葉である。「語る」は言葉と無縁ではありえないからである。だが、直感にとって言葉は鍵でもないし、主たる要素でもない。直感論からすれば、「自己」と「非自己」から成り、「非自己」はさらに「根源」と「超越」から成るととらえられている。「語る」は言葉によるにしても、「直感」

は言葉によるわけではない。「直感」に属する言葉ということであれば、それは「自己」経由のものであるととらえられている。だが、その特殊なものとして「自己」が無になってしまうかぎりにおいて「言葉」も現れうるととらえられている。前記した純粋直観が良い例であり、ここでの文脈に戻せば、「不思議」や「不可思議」に臨んで「思う」や「意味」が失われたときにその空無性に促されて自ら現れる言葉がある。そのような特殊な言葉が直感に属しているととらえられる。「直感が直感を語る」が言葉によって為されるとき、その言葉の主体は「非自己」でありうるし、その客体もまた「非自己」でありうる。また、その場合の「非自己」は「超越」でもありうるし、「根源」でもありうるととらえられる。前者は「天」と関係し、後者は「身体」と関係するととらえることも可能である。「天」を「非自然性」とし「身体」を「自然性」とすればより一般的になるだろう。「直感が直感を語る」は、「『非自然』あるいは『自然』が『非自然』あるいは『自然』を語る」でありうる。その「語る」媒体は「非言葉」でもありうる。直感論的に述べれば「意」である。「非自然」であれば「意味」になり、「自然」であれば「意図」でありうる。

鳥も「思う」をもつことがあれば「意」を「意」によって語ることがありうる。そうであれば、人間が自らの言葉を失ったときその代替のようにして鳥の言葉を聞くことがありうる。そのどちらの言葉も「意」を共通としていることでは同じだからである。その言葉は「意味」として分かり、「音」として聞こえる。柳田國男の「直感」が放送で述べていたことはこのようなことへの気づきによるととらえられる。『遠野物語』は柳田にとってはその業績のごく一部にすぎないがその全業績を圧縮するエッセンスが含まれていることからすれば重要な掌編である。その一つの例は、「山人」「山神」への言及である。この種のことにかぎらず柳田は日本全国の各地に丹念に赴き、無数と言ってもよい数の民話を収集している。そのことを土台にしかつ背景にして柳田学が成立している。柳田は青年期に文学に接近しているが、大学卒業後農林関係の官僚の道を歩み、その頂点に上り詰めてから民俗学に接近している。その経歴から知れるとおり、一貫して学問的関心を持ち続けていたにしてもそれは実学であり、「実」から離れないことがその生の根本となっている。ただ一編の作品から「真」をとらえようとするのではなく、それとは対極的に可能な限り多くの作品を収集、比較しそこから「真」が浮かび上がる方法を自らのものとした。それはまさに「直感が直感を読む」であり、この「主体としての直感」であれ「客体としての直感」であれ直感は最大限に広げられ、最大限に深められている。このような方法は「客体としての直感」がそのようなありようをしていることによる必然である。そうでなければ「知」は納得してくれないと分かればこそそうなる。またそうであればこそ前掲「動物の言葉」で「学んで覚りうることの多さ」に柳田は感動し、心を燃やしてもいる。その一端が山神や山人への関心の持続、日本各地に残る伝説への執着となっている。「真」が見えてくればこそその「非事実性」が障りとなり、単に説くだけでは成らず土地に残る「伝承」に潜む「真」を求めることが必然となっている。柳田における「直感が直感を語る」はそのようにしてあり、一見物語として共通性の見いだせそうにもなかった『源氏物語』と『遠野物語』が本章でスクラムを組むことになっている背景も了解可能となってくる。その「語る」は直感の言葉によってでなければならないことも納得される。科学がすべての不思議と不可思議を解明できると信じられている現代においてもこのことは同じであって、この不思議と不可思議と向き合うのは科学ではなく人間自身の直感であるとすれば、その不思議と不可思議を言葉にできるのは直感によってしかない。「自己」のみであってもかなわず、また「非自己」のみであってもかなわない。前者の典型は科学であり、後者の典型もまた科学である。前者は表象の典型としての「数字」に託され、後者は直感の典型としての「純粋直観（論理）」に託される。そうであればこそこの両者とも「鳥」の言葉を聞くことはかなわない。そのどちらからも「生きる」が欠落してしまうからである。

前記してきたことにはっきりしているように柳田國男は学者であり、作家ではない。紫式部を作家と呼ぶのにも躊躇があるが、柳田國男を作家と呼ぶよりはずっと通りはよい。現にこの古代の作品『源氏物語』は現代において多くの作家によって現代語訳されている。そこに小説としての共通性を見ることはたやすい。このことからすれば、『源氏物語』と『遠野物語』を同列に並べることにはすでに述べたように違和感があることはもちろんだが、紫式部と柳田國男を同列に並べることの違和感の足元にも及ばないであろう。このことは直感にとって重要である。この二つの物語は「直感が直感を語る」こととにおいてつながっているが、その場合の直感のありようと「語る」のありようがまったく違っている。だが、そうであっても「直感が直感を語る」であることについてはなお注視が必要である。それは前記したように紫式部と柳田國男を作家と呼ぶことの違和感に如実となっている。そこで働く直感のありようが「語る」として本質的に違うからである。だが、この差異を当然のことであるとして無視してはならない。ここでは直感が主題とされているからである。確かに『遠野物語』に取り上げられているそれぞれの民話内容はそれぞれの伝承者による「語る」から成っている。本項でこれまでその「語る」と直感の関係を問うてきた。だが、それは『遠野物語』の「語る」ではない。この「語る」の主体は柳田國男である。その意味で『源氏物語』と『遠野物語』のアナロジーとして紫式部に並ぶのは柳田國男である。このことの意味を最後に問うておくことは直感論にとって、また直感物語論にとって欠かせない重要事項である。柳田が『遠野物語』において占める位置は直感にとって何を意味しているのかという最後の問いが残されている。『遠野物語』を書いたのは紛れもなく柳田國男である。紫式部が『源氏物語』を書いたのと差異があるわけではない。しかも、そこで直感が働き、しかもそれぞれの「物語」の内容としての直感のありようを語り、書いていていることでも一致している。そこに差異があるとすればそのありようの違いであるにすぎない。その際主体として働く直感は、柳田國男と紫式部の人間の差異にすぎない。この差異はこの二人の差異に限られるわけのものではなく、すべての作家の間に普遍化するものである。そうであるとすれば、その差異は客体としてある直感のありようと主体としてある直感の関係のありようの違いとなる。それが何であり、どのようなものであるかがここで問われている。この問いの答えは、見た目にははっきりしている。すでに繰り返し述べてきたように、そのような差異は歴然としている。だがそのような差異のありようの本質とは一体何なのだろうかと直感からの問いが改めて発せられる。この問いは直感物語論としては避けては通れない本質的なものであるはずである。『源氏物語』についてはすでに前記のような問いは発せられていて、むしろそれは直感物語論が絶えず寄り添っていた。『問題は『遠野物語』の方である。この作品が「物語」と呼ばれるゆえんとは単にその内容として民話や伝説が取材され、そのことをドキュメントのようにに書いているありようと言って済まされるだろうかと問いは変わる。その答えは否である。その証は『遠野物語』に潜在する伝承者としての語り手（佐々木鏡石を含めて）の「生きる」が読む者に伝わってくることにある。それは単に物が語るのでもなければ、事が語るのでもない。『源氏物語』の登場人物が語るのと同種のものが形を変えて起こっている。そこには「生きる意味」や「生きる意図」が人間のそれとして、あるいは「生き物」のそれとして、さらには「物」のそれとしてあって読み手の直感はそれをとらえることが可能になっている。『遠野物語』が物語でありえているのはこのようなことによってであり、それは『源氏物語』が物語であるのと同列に並ぶありようをしている。柳田國男の直感が遠野を中心とした山村に起こってきたこと、今も現に起こっていることをそれぞれの「生きる」と重ねて書いたことによってこの作品は成り立っている。

現代小説の無数の小説が示しているだけのものが「物語」ではないし、また「小説」でもない。むしろその多くは現代文明の洗礼を受けることによって「直感が直感を語る」ありように達しえないものがほとんどになってしまっている可能性も否定できない。このような不可能性を克服しようとするのであれば、もはや古代に戻ることはできないのであるから「直感が直感を語る」のありよう自身が自ら変わるのでなければ不可能である。『遠野物語』がわれわれの直感に訴えているのはこのようなことであると直感物語論によってはとらえられる。すでに遠い昔のことになってしまった『源氏物語』のありように帰れないとすれば、『遠野物語』に隠されているありようを手探るよりほかに「物語」に帰る術はない。そのような未来を切り開くのは直感であると直感自身によってとらえられる。

第四章

神話思考と直感思考

―レヴィ＝ストロース理論とユング理論の対比―

本章の題にある「神話思考」と「直感思考」についてはあらかじめ特段の知見があって題目とされているわけではない。「思考」についても同様で「直感」との関連で取り上げられている。端的に言って「直感」概念が「神話」概念に近いありようをしているという仮説に基づき、それを確かなものとする期待が「思考」概念に託されている。また「神話思考」は「神話学」「民族（俗）学」で身近であり、クロード・レヴィ＝ストロースの論文にはこの言葉がそのまま登場している。たとえば「未開思考」のような別の表現にもなって「科学思考」と対比される。ほかにこれらとは別に「野性の思考」という呼称は彼の著作の題名にもなっている。これらに「論理的思考」「経験的思考」「概念的思考」「文明的思考」などを加えていけば、同一性であれ差異性であれその広がりはさらに大きくなる。その一つひとつを吟味してみてもそこから生産的なものが見えてくるわけでもなさそうだが、それらを「思考」と搦めてとらえたとき直感にとって新たな展望が開ければと期待される。実際、「神話」を直感との関連でとらえたとき「思考」が浮上してきていることの意味は重い。その鍵を握っているのが「科学」であり、その関連で「論理的思考」「文明的思考」が特化される。さらにそれらの対極として「未開思考」「野性の思考」が特化され、それらの中間項として「経験的思考」「概念的思考」が浮上する。前章の『遠野物語』の項で「不思議」と「不可思議」が民話的物語、神話的物語とともに浮上してきたことを思うと「思考」のもつ意味はさらに重くなる。

以上のことからすれば、「論理」「文明」が「思考」の方向を指し示し、その否定としての「経験」「未開」「野性」が「不思議」および「不可思議」を指し示す。その中間項として「概念」が控えていて直感を指し示す。直感論からすれば直感は「意」と「情」を指し示し、「意」と「情」は「歌う」を指し示し、「歌う」は「民話」と「神話」など「物語」を指し示し、巡り巡って「物語」は「小説」を指し示す。

民族学者レヴィ＝ストロースは、「小説」を「神話」の衰えたあるいは死んだ「物語」と位置づける。前記した「思考」についてのさまざまな呼称はレヴィ＝ストロースの使用法と重なっている。レヴィ＝ストロースはその初期の著書『悲しき熱帯』に見られるような文学的記述に長けた文章家の側面をもっているが、彼の神話理論に見られるような厳密な客観主義に徹する理論家でもある。またその「神話論」の本質に音楽に通ずる共通性があると洞察する芸術理解者でもあり、東洋文化を愛する親日家でもあった。このような両面性こそが彼の本質であろうととらえられる。

彼は現代における傑出した民族学者であったし、民族学のありようにふさわしく「外から見る」を方法的構えとするその研究的資質に「内から見る」の人間的資質が加味され多くの民族学的業績が得られたととらえられる。そこに特徴的に働く直感のありようが西欧文明の伝統に緊密していることも確かである。本章ではそのあたりに的をしぼって引き続き「直感が直感を分析する」を進めることになるが、その新たな文脈に前章以来の「直感物語論」が寄り添うであろうことも今から予想される。本章は、レヴィ＝ストロース理論とユング理論の対比それ自身が、さらに直感論との対比となっていることが骨子である。第一節では「神話思考」がまず主題とされ、第二節では「直感思考」が主題とされる。目指されるのは「直感思考」のありようだが、その前提として「神話思考」に焦点が当てられ、すでに本文がそうであるように前半はレヴィ＝ストロース理論が参照される。その際、本書のこれまでの進み行きに合わせて直感論独自の立場から「神話思考」に接近し、後半に向けた文脈に応じてレヴィ＝ストロース理論を直感論との対比でとらえることを副主題とする構成を取る。ただし、文脈の流れに応じて必要であればそのかぎりではなく、実際、本章の鍵概念が「共時性」として浮上していることもその一つの現れである。章の題名には含めなかったが、「共時性概念」はさらに第二部へ波及していくだろうことも今から予想される。ともあれ一貫して目指されるのは「直感」であり、前章からの引き継ぎとしての「直感物語論」へのさらなる接近も目指される。直感論特有の生きた進み行きを大事にしつつ「直感が物を語る（物が直感を語る）」路線を継続する。

第一節　神話思考

「神話思考」という言葉は奇妙である。そこでは主語と述語の関係が明確でない。それ以前に「神話」と「思考」の関係が明確でない。だがそのありようは造語というほどのことではない。実際前記したとおり学問領域でも使われている。むしろ一般化されていない点の方が特化され、その奇妙な印象はその方の視野から生じているととらえられる。まずもって「神話」と「思考」が結びつきがたい。だが、そう思って「神話」から「神」の字を除いてしまえばとたんにその関係は明快になる。「話」と「思考」。この二つの言葉の関係は一目瞭然である。単にそうであるばかりか、「話」が「外」を指し示し、「思考」は「内」を指し示す。そこに「内」と「外」の交差があることまで指し示されている。「神話思考」という言葉に晦渋さがあるのは、そこに「神」が加わっているからと分かる。これはいかにも納得がいくことである。それでは単に「神話」だけを引き出したらどうか。これについての印象は「人によってまちまちであろう」と予想がつくが、そうであっても「神話」という言葉自身はおさまるところにおさまっている。少なくとも「神話とは何か」と問わなければそうである。「神話」という言葉は一般性をすでに獲得している。だがこれには必要条件があって「人によって」という言葉のもつ意味は大きい。「神」に向き合う人のありようはさまざまであると述べておけば、そのあたりの説明は一応できている。実際、「神」は人との関係でさまざまなありようをする。その人が現代人か古代人かで違うし、たとえば日本人かヨーロッパ人かアメリカ人かでも違う。老人か青年かでも違うし、男か女かでも違うであろう。だが、「話」ということであれば人は幼児でなければそれぞれのありようで話をするのは一般的である。「神」と「話」の関係は「人」概念をもってして近づいてみれば一筋縄ではいかなくなる。「神話思考」のみならず「神話」もまた主語・述語関係でとらえてみればやはり晦渋である。「神話」が一見おさまるところにおさまっているのは表層のことでしかなく、深層では違っている。「神話」という直感を直感分析すればこのことは当然のことだが、本節の進み行きにとってはいかにもそれにふさわしい出発点である。

神話は世界中のいたるところにあると言っても過言ではないだろう。神話の定義づけをしなければ、そうである。民話・民謡風のものや、歌謡や歌唱風のものや、単なる伝承のようなものも含めれば余計にそうである。このようなありようのものは単に古代や原始時代に限られているわけでもなく、現代まで連綿と姿を変えながらその名残のように存続している。その一例は、既述したレヴィ＝ストロースの言にある「神話の〈衰え〉ないし〈死〉のありようが小説である」ということに如実である。実際、本論でも「直感物語」を鍵概念として「神話から現代小説までのつながり」が浮かび上がってきていて、ここで新たに「現代神話」の可能性を改めて問いておいてもよい。ことによれば、本章の前書きで鍵概念となった「思考」がこのような文脈でも鍵になっている可能性も想定される。「現代文明」という言葉に特徴的な側面を直感との関連で直感的にとらえれば、その一つの鍵は「思考」であることは間違いない。本節の進み行きもこの認識を出発点とする。物語は本来「思考」から生まれるわけでもなく、「思考」によって成り立つわけでもない。そのことは「歌謡」や「和歌」のありようによって明らかに確認されるし、『源氏物語』や『遠野物語』の項でも明らかに確認された。むしろそれらは「思考」の不在、あるいは不可能性から生まれるといった方が当たっており、その鍵概念として「不思議」や「不可思議」がその端緒となっていた。

前記の文脈にある筆者自身の思惟のありようそのものを現代に重ねてみれば、「不思議」と「不可思議」はどのようなありようで見えてくるか。これが本節の最初の問いである。この問いは、現代における「思考」のありよう、しかもその出発点を指し示している。現代における「不思議」「不可思議」を問うことにもつながっている。だが、ここにおいて働くのは直感思考であって神話思考ではない。そもそも神話思考と呼ばれるようなものは現代にありうるのだろうか。すでに故人となったレヴィ＝ストロースはこの問いにどのように答えるだろうか。「外から見る」をその学の本質的方法とした人からみれば、この問いは難問であろうか、それとも即却下されるような問いにすぎないだろうか。ここでの最初の問いはまたたく間にこのように変化し、引き続きレヴィ＝ストロースは放免されないまま居残る。「現代」を解く鍵はもしかすると「共時性」であるかもしれない。レヴィ＝ストロースがこうして急浮上してきていることが、ここでの「直感」に「共時性」概念を導き寄せる。直感論からすれば、「共時性」とは「時間」の無限のありようが全体性としての「空間」の内に現れているありようととりあえず述べることが可能である。この表現を別様に述べれば、「現在時間」に過去の「空間」が現れ出ているありようとなる。だが、この述べ方は、民族学者であるレヴィ＝ストロース理論に沿うありようをしていて、直感論にとっては疑義が残る。

その一つは「未来」はどのようにこのことと関わるかが当然のことながら気になる。直感論にとって全体性を扱うのであれば未来なしではありえないからである。一般に未来に起こることは見えないが、過去にあったことはたとえば遺跡として見ることができる。ただし遺跡なり何なりが残されていなければ見えないままである。これは民族学では自明のことであろう。過ぎてしまったことについてもやはり見えないものは無数にある。そこでの問題はこの過去のありようである。過去にあったものが現在見ることができるのはどのようにしてなのか、逆に見えないものはどこに行ってしまったのか。この表現はレヴィ＝ストロース流の問題意識を筆者なりに述べたものだが、彼がこの問いに答えるだろうありようは『悲しき熱帯』の文中に読み取れる。若い頃のレヴィ＝ストロースが南仏のプロヴァンスでたまたま目にした二地層の境界線のありように魅了された不思議さについて述べた文章である。筆者流にまとめれば、二つの別様の過去の現在が今現にここにあって一つの現在を共有しており、その二つの地層にそれぞれ別種の植物が際立った差異性を互いに示しつつ現在の同時性のうちに生えているありように魅惑された体験を回顧している。

前記のような各種植物の発生時代の差異性のありようは古代以来の植物の生育に限られなければ日常的にもあり

うる光景である。二つの異種の過去の「見える」が一つの現在のうちに再現されている。そのことを目撃したときの感動が民族学者レヴィ＝ストロースの原点となっている。「共時性」概念に促されて本論がこのように当初の予定から早々と外れ、ここになおレヴィ＝ストロースが登場することになっていることの大半の理由はこの「共時性」概念が本節あるいは本論での重要性に関わっているからであろう。その理由の残余の部分が「共時性」概念と「思考」概念との相乗効果を示しているのかもしれない。たとえばここで「思考と共時性」という副題を急遽用意しても的外れにはならない。実はこのように無関係な、あるいは対立する二項を対比的に扱う思考方法はレヴィ＝ストロースにとってもそれこそ彼固有のものであった。それは彼の学問的分析や論述において確認されるし、前記の著書にもその趣旨のことが書かれてもいる。この方法は直感思考に限らず直感そのものの本質的ありようにも重なっている（自己と非自己、根源と超越、意味と意図など）。

前記の文脈は直感論にふさわしく突発的なものであって、本節の流れとして「思考」がもともと直感にふさわしいありようをしていないことについて問うことから始まるのが普通であった。直感の本質が「感じる」にあることからすれば当然である。このことのうちに直感論とレヴィ＝ストロース理論との対比関係がはっきりしている。それは端的に述べれば「論」と「学」の対比であり、これについては他の拙著で詳しく触れている。この両者のありようをつなぐためには直感の要素としての「自己」概念を強調し、「言葉」を表象概念に特定する必要がある。「思考」が表象によって展開されることは自明である。レヴィ＝ストロースの「思考」もその例外ではない。

『悲しき熱帯』の論調には旅行記風のものも多く、その語り口はレヴィ＝ストロースの思考（直感）を追うのに貴重な資料を提供している。この言葉には明らかに独特な直感が働いているが、それは極めて特殊なものである。記述の内容と作者の心のありようが「生きる」そのものと重なって読む者に伝わってくる。それは紛れもなく「物語」のありようとなっているが、すでに取り上げた『源氏物語』や『遠野物語』とは対極にあるありようをしている。レヴィ＝ストロースの要素自己に要素非自己（根源と超越）が重なってその文は成り立っているが、それは単なる「思考」ではない。一見すれば『悲しき熱帯』の文体はいかにも学者の書いた旅行記と一括されてしまいそうで、そうであればこれは一種の西欧的な「物語」と言ってしまっても「物語」の定義についての本論特有の位置づけを与えるのでなければ必ずしも不適切ではない。レヴィ＝ストロースの「直感」がそれこそ「物」を語っている。この「物」が二〇世紀にまで残りつづけた南米の先住インディアンにまつわる「物」であるにしてもそうである。それらは「過去」と「現在」が重なるようにして先住インディアンの「生きる」にさらに重なってあり、そのような人物と自然物のことをレヴィ＝ストロースの直感が語っている。少なくともこれは研究書ではない。「直感」が紛れもなく「物」を語っている。だが、そうであってもそのありようは『源氏物語』と『遠野物語』の対極に位置している。文学と民族学者の紀行文の差異にすぎないと言うなかれ（柳田國男は民俗学者である）。東洋と西洋の差異にすぎないと言うなかれ（ここにあるのはそれ以上の差異である）。レヴィ＝ストロースの「悲しき熱帯」の文体は前記のようでありながら、不思議なことにここでの直感による論述のありように重なってきて、それは奇しくも『源氏物語』と『遠野物語』を指し示す。それはちょうど互いに互いを裏返しにして重ねたありようを暗示する。その謎を解く鍵が「外を見る」である。レヴィ＝ストロースにおける「外を見る」は徹底していて、一周してここに現に進行する「内を見る」、あるいは『源氏物語』や『遠野物語』にある「内を見る（柳田の場合には異質だが）」と重なっているようにもとらえられる。レヴィ＝ストロースの方法の徹底ぶりが図らずも日本の直感の働きのありようを招き寄せている。これは直感論にとっては不思議な光景である。その鍵はどうやら「共時性」が握っていると早々と推察される。そのことをこれからの文脈における標的として、引き続き「直感が直感を語る」を前に進める。

前記のことは人間のありように限って言える仮説であって、このことに「神」がからむかぎりでその仮説は宙に浮く。その場合の「神」が主語であろうと客語であろうとそうである。神と人間の本質がそれぞれ違うとすればそうである。差異のある本質が二つ成り立つためには「重畳」と「循環」がないかぎりありえない。すでに述べた二項対立とはそのようなありようであって、そうであればこそそのありようは「思考」にとって有益である。「思考」との関連で述べれば弁証法的ありようのことである。レヴィ＝ストロースの原点としての逸話にある「異種の二地層の境界」が現在時間と位相空間との関連で現象化するとき、そこでは「自然」を主語とする弁証法が展開しているととらえることも可能であろう。共時性とはそのような空間的ありようのことと言えるかもしれない。神もまたそれが「唯一全体性」のありようとしてあるのでなければ、その例外ではありえない。神話における神のほとんどはそのようなありようをする神であるととらえてよいだろう。宗派の差異による神の並立は互いの対立なくしてはありえないか、あるとすればそれぞれの「唯一全体性」を共有化しないかぎりありえないであろう。「神話思考」に近づくためにはまずもってこの高いハードルを越えておかなければならない。

「神話思考」が成立するためにはそれが主体であれ客体であれ「神」のことを扱うかぎりで「全体性の相対化」を多かれ少なかれ導入することが必要である。とりわけ「思考」を思考する場合にはそうである。「思考」が主題化され、しかもそれが直感によってとらえられるのでなければそうである。このことはデカルトによって述べられたことに尽きている。「思考」はそれ自身のありようとして「存在」を対象化しないかぎりありえない。だが、「思考」が「直感的全体性」に含まれるかぎりでそうではない。このことのありようが問われている。これについても他の拙著で詳しく述べてあるが、以下「思考」との関連で再考し、その上で「神話思考」に近づいていくこととする。「神話」と言えばまずはギリシャ神話を思い浮べるのが一般的であろう。西欧文化の原点としてそれはある。だがその神話の展開や語り口は特殊である。世界の神話の多くは複数の神々の話であることは共通しているが、ギリシャ神話における神の扱われ方は極端である。ギリシャの神々は人間のように身近に語られている。実際、神と人間の境界に立つ神のことも語られている。それのみならず神と人間の間の交流もそれほど特別なものとされていないありようで語られる。そのように神と人間の間は近いのだが、その力関係ということであれば当然とは言え神は人間と決定的に差別されている。その二つの扱いの差異の大きさが極端である。その関係は身近でありながら、互いに超えがたい境界がはっきりしている。互いの交流と差別が意味ありげに交差している。このようなことを裏づける特徴がギリシャ神話にはある。「神」とは一つの観念であるというとらえ方は現代世界において一般的な共通性をもつが、この「観念」概念自体がギリシャ神話においては特徴的であると直感にはとらえられる。この「観念」を今ことさら概念づけで表現したが、この「観念」という概念のありようは元々そうであったし、今もそうであるように「観念」そのものであって浮動もしないありようを示す。「神」の本質は本来揺らがないし不動であると少なくとも人間にはとらえられている。だが、ギリシャ神話における神と人間の関係の身近さがその本質の不動性を強調するありようをしている。そこに含まれている落差は何を指し示すのか。

「観念」は本来「表象」や「概念」が実体に対するありようのこととは違う。「表象」や「概念」は実体に重なるようにしてあるが、「観念」の場合は逆であって先行するのは「観念」であり、実体の方ではない。そのような「観念」のありようをギリシャ神話は特徴的に示している。「神」の述べることは絶対であると言えるありようを「観念」はもっている。このことを思えば形而上学がギリシャで生まれた背景もとらえやすくなる。「形而上」が「観念」としてある。「神」を懐疑し「物」を懐疑したデカルトが「表象」を自らの拠点として見いだしたことは、このような背景のうちにとらえると極めて納得がゆく。人間の「思考」は「言葉」によって成り立つ。それは「観念」によってでもないし「物」によってでもない。現にデカルトは「表象」によって成り立つ「思考」を自らの存在と絡めてとらえた。これらはあくまでも人間にとっての話である。神にとってはそうではない。神にもなお「思考」があるとすれば「観念」が「表象」に先行する。「観念」が神と一体となって生まれるありようをギリシャ神話は特徴的に示している。ギリシャ神話の神にとっては「観念」は重くはなく軽そうにその神話では読み取れる。実際、神のそれぞれの名前は個々の観念を意味していることが多い。あたかも人間が「表象」を軽くつぶやくように、神自身が「観念」を軽く口にするかのようである。「観念」のありようを重いと感じるのは人間の方であって、そこに「表象」としての確かな存在が希薄でありながらそうである。ここにはある種の逆説が読み取れる。実際「観念」は掟のように人間を縛る。ギリシャ神話の特徴を前記のようにとらえれば、「神話思考」と呼ばれる思考のありようの輪郭が見えてくる。この語源もどうやら西欧文化に連なるものであろうと想定もできる。「神」にもまた「思考」があるとすれば、いかにもそれにふさわしい表現である。これは人間の思考法とはまったく違う。「神」は「観念」によって思考するが、人間は「表象」によって思考する。これが西欧において古代ギリシャから現代に向けて延々と引き継がれてきた「神」と「人間」の関係であると言えるだろうか。

前記のことは「ギリシャ神話」と「西欧思考」との関係に限って述べたものだが、これを「物語」と「直感」との関係に戻してとらえれば、そこに看過しがたいものが見えてくる。「物語」との関係では「思考」にせよ直感にせよ「語る」と「説く」との差異性を強調する。これもすでに触れたことだが、たとえば日本の『今昔物語』のありようは「語る」と「説く」を混交している。これに「分析する」およびそれに近い「論ずる」を加え、さらに「日記」における「記録する」およびほぼ同義の「書く」を付加すれば、そこに古代の「物語」が現代の「小説」へと通ずる道筋が浮かび上がってくる。これらの各呼称のジャンルの共通点は、そのいずれにも人間の「生きる」のありようが多かれ少なかれ含まれていることである。すでに確認したように今現にここで進んでいる文にはそのような要素は少ない。だが、「説話」と呼ばれるジャンルにもまたその呼称にあるように説明的あるいは解説的要素は色濃い。

「説明する」はもはや直感作用ではない。「物」であれ「もの」であれそれを表象として前に立てるからである。それがなお「語る」であり「書く」であるにしても表象作用の核となる「自己」が前面に出る。ここで進んでいる「直感が直感を分析する」の文もまた既存の表象から成っているし、既存の「知る」の内容を説明する。だが、そのありようは古代における「説話」と呼ばれものの内容とは違っている。後者では、たとえば『今昔物語』における説明のありようは仏教、儒教、道教など宗教関係のものが多く、その関係の偉人や伝承者の「生きる」に関わることについての説明となっている。

以上のことからここで「神話思考」の特徴の一つとして観念との関係を特化しておく。だが「神話」のありようはすべてギリシャ神話のありようをしていないことも自明である。またこれもすでに述べたように「神話思考」と述べたときの「思考」の主体があいまいであることも引き続き吟味が必要である。「思考」ということであれば、その主体は人間であると思った方が当たっている。「神話思考」とは「神話的思考」と表現した方が適切かもしれない。だが、そうは言っても神話的な思考というものがあるとすれば、神話を語る主体のことは依然としてあいまいになったままである。ギリシャ神話の神々が語ることのうちにある「思考」の主体はやはり「神」であることに違いはない。前記の文脈に沿えば、「観念」が「観念」として語るのである。そこにはいわゆる「思考」はない可能性も高い。直感論ではそのようなありようの「思考」のありようを「要素超越」の働きと規定してある。これは西欧文化における「純粋直観」に重なる概念である。それ自体は人間の究極的超越から生まれるものであって、それは人間の思考なのかそうでないのかは区別しがたいとされうる。それを「観念」と呼ぶかぎりにおいて人間の思考を超え、また同時に「観念」と呼ぶかぎりにおいて人間の思考に同化しうる。西欧文化との関連で述べれば、前記のありようが「神話思考」と呼ぶべき事柄の内容であろう。前記のギリシャ神話との関係で見えてきている神と人間、観念と表象などに見られる逆説的な関係については、共時性のもつ謎に迫るうえでなんらかのヒントが隠されているかもしれない。なぜなら、共時性概念には多くの逆説的ありようが含まれていると直感にはとらえられるからでる。それは単にレヴィ＝ストロースの「二種地層の境界」に見られるようなことだけではなく、むしろその「二種地層境界」の問題はさらなる〈逆説的に相対化する事象〉を連想させるからである。前者はレヴィ＝ストロースの徹底された「外から見る」と相対化する「内から見る」を指し示し、それはとりもなおさず直感論の「内から見る」を指し示すからである。それは共時性にまつわる新たな逆説性を指し示してきている。「共時性」概念はもともと精神分析家のユングに由来するものだが、ユングが精神分析家であるかぎりにおいてそのありようは「内から見る」を宿命づけられていることも自明である。だが、彼が袂を分かった師のフロイトが医者であり、現にユングも精神治療を一生の仕事として生きたことからすれば、その思考が科学的であったことも論をまたず、実際にそうである。だが、同じ精神分析家でありながらユングは単に「外から見る」にとどまらず、フロイトがそうである以上に「心」の奥に迫っていったことも確かである。それはなお「外から見る」であるにしても、「内から見る」もまた共になければかなわないことも確かである。それは単に「心」の奥への進み行きにとどまることができず、外へと広がるありようのものとなっているのは単なる偶然ではないであろう。「共時性」概念が深刻なありようでユングに迫ってきたのは前記のようにしてであったととらえられる。ましてや直感論の立つ場は、なおいっそう「内から見る」が特徴づけられていることからすれば、レヴィ＝ストロースに限らず、フロイトやユングからも遠くにあると自覚される。それは単に西欧文化と東洋文化の差異でおさまるものでないかもしれない。そのあたりの事情を解く鍵を「共時性」概念が握っているととらえられる。「外から見る」を徹底させたレヴィ＝ストロースのみならず、「外から見る」に「内から見る」を重ねたユングの両者が共に「共時性」の現象に一種宿命的に出会っていることは直感論にとっては無視しがたい意味の重みが感じられる。しかも、この「共時性」概念は謎に包まれたまま現代に未解決事項として引き継がれている。前記の「二種地層境界」の問題は、このような文脈の内に置いたときそのもつ意味を重層化する。それがここに生じてきている共時的事象の半分を担っているととらえられるからである。残りの半分は、「共時性」概念の発案者であるユングの未解決課題を指し示している。その未解決のありようは、直感論からすれば「内から見る」の不徹底にあり、ユングが精神科医としての科学者の立場に最後まで立っていたがゆえにあるととらえられる。だが、そうであってもレヴィ＝ストロースとユングの対比は極めて示唆的な内容を含んで直感論に迫ってくる。すでに述べたようにユングは精神を病む患者に寄り添って内から内を見つづけた。そこに見えてきた「内」を外から見たにしても（「無意識」「元型」）、せいぜい心理学に止まるよりない。そこに徹底した「外から見る」が欠けているかぎりで「共時性」の事象はその半面、レヴィ＝ストロースが向き合った反対側の半面しか姿を現さず、謎と闇はさらに残る。ユングはその謎と闇に科学によって向き合ったが、それはついに解けることなく終わった。「共時性」事象は今なお神秘に包まれたままである。このありようは現代の神話を指し示している。

「神話思考」を問うここでの文章が「現代の神話」に向き合っているこの場はまさに「直感が直感を語る」場と

なっている。換言すれば、「共時性が共時性を語る」場にもなっている。レヴィ＝ストロースの共時性とユングの共時性が筆者の共時性と共にここにあって、その総合としての共時性が「直感」の謎を共時性として解く語りが「物を語る」として前に進んでいる。そのありようを早々と「直感思考」と呼んでしまっても間違いではない。ここに展開しているのは「直感思考」以外の何ものでもないからである。「神話思考」についての思考はいったんここで打ち切ることにし、次節で「直感思考」を思考する際にまた必要に応じて振り返ることとしたい。またここでの神話はギリシャ神話のみに的は絞られたが、第二部では『古事記』を直感との関連で主題化し、必要に応じて「神話思考」にも触れることとする。

第二節　直感思考

直感ということであれば、レヴィ＝ストロースよりもユングの方が「直観」に身近である。もちろん直観概念は心理学用語にもなっており、『臨床心理学辞典』からその解説を以下抜粋する。

> 外部から対象を把握するのではなく、その対象をその内部に立って対象そのものの内部を見るということである。すなわち対象になりきり、対象と一つになることによってその中から物をながめることである。これを従来、直観的思考・インスピレーション、勘、ひらめきまたは悟りといってきた。問題解決では洞察という。ああわかったという意味で『アハー体験』『アイデアが浮かぶ』ということもある。

ここには図らずも「直観的思考」という言葉が本節の題名に重なるようにして現れている。これもまた共時性事象である。『臨床心理学辞典』なので「心理学辞典」との差異があるが、本論にとっては大変興味深い説明である。これは「直感」についての心理学的見方である。直観は「内部に立って対象そのものの内部を見るということ」とされている。本論との関係で一言しておけば、「内部に立つ」という表現があいまいであり、「内から見る」としてはいけないかという問いが生まれる。それとの関係で「対象そのものの内部を見る」という表現には「対象化」が二重に働いていることがとらえられる。「対象そのもの」とは「外から見る」における「対象」であり、かつ「内から見る」における「そのもの」でもあるととらえられる。直観概念の複雑さがこのような二重構造の表現を招き寄せている。ユングは心理学や精神分析では積極的に「直観」概念を取り入れている学者であり、その大著『タイプ論』では「外向性」と「内向性」で大別してそれぞれの「直観」のありようと人間のタイプとしての「外向的直観型」「内向的直観型」についても説明している。本論にとっては極めて重要な部分なので、「直観」についてはその冒頭部分、「タイプ」についてはその中心部分を引用しておく。最初は「外向型の直観」である。

直観とは無意識的知覚機能であり、外向的な構えにおいてはもっぱら外界の客体に向けられている。直観は主として無意識的な過程であるため、その本質を意識的に理解することはきわめてむずかしい。直観的機能が意識の中に現れるためには、一定の待ち受ける構え・観照し覗き込むこと・が必要であり、その際にどこまでがのぞきこまれたものでありどこまでがそもそも客体に備わっていたものなのかは、後に結果がでてはじめて判明しうる。感覚も、優越している場合には、もはや客体を捉えそれに形を与える《行為》であるが、それと同じように直観も単なる知覚、単なる直覚ではなく能動的創造的な過程であり、客体から取り出すのと同じほどに客体の中に注ぎ込み形成する。この過程は無意識的に直覚を取り出してくると同時に客体の中に無意識的作用をも作り出す。直観はもちろんさしあたりは、他の機能によったのではまったく捉えられないか、あるいはひどい回り道をしなければ捉えられないような関係や状況についてのイメージや直覚を伝えるものにすぎない。

長い引用になったが、ユングが「直観」概念について述べた貴重な箇所である。ここでの要点はユングにおける「直観」概念では無意識が強調され、その作用は単に「無意識的に直覚を取り出してくる」のみならず「客体の中に無意識的作用をも作り出す」と述べている点である。その説明では主体と客体の間の媒体の働きが強調されている。これはユング固有の「直観」のとらえ方であり、もちろん本論の「直感」概念とは隔たりがある。また哲学や現象学の「直観」概念との差異も大きい。「無意識的な知覚機能」と「能動的創造的過程」を重ねて述べている点は重要で、加えて「客体から取り出すのと同じほどに客体の中に無意識的作用をも作り出す」と言い換えている点は晦渋だが、重要である。ユング心理学固有の力動性が強調されている。これは逆に哲学や現象学にはないものである。「客体」を人間に限ればその晦渋さもやわらぐが、逆に心理的な客体のありようが強まり、その果てにユング概念の別の極としての「普遍的無意識」や「元型」が浮かび上がる。「共時性」概念がにわかに本論に近づいてくる。

ユングの前記の「客体」概念に「物」概念を近付ければ、その理論がレヴィ＝ストロース理論の方向を指し示すのも本論にはとらえられてくる。「客体（物、筆者表記・以下同じ）」から取り出すのと同じほどに客体（物）の中に「無意識的作用をも作り出す」と説明するユングの「直観」の事象近くに先住インディアンの心の働きを置いてみれば、レヴィ＝ストロースの世界はすぐ近くであるととらえられる。その方向が逆であるにしてもそうである。そこには二つのありようの共時性が裏腹に重なるイメージが本論の直感には見えてくる。一方の直観が極端に「内から見る」であるとすれば、他方の直観は極端に「外から見る」であり、本論は図らずもその中間の道を行きながら「直感が物を語る」がこうして今も前に進んでいる。次に「外向的直観型」の項の冒頭部分を引用する。

直観が支配すると、誰の目にも明らかな一種独特の心理が生じてくる。直観が客体を基にして自らを方向づけているため、外的状況への強い依存が見られるが、しかしその依存の仕方が感覚型のそれとはまったく異なっているのである。直観型の人が向かうのは、皆に認められるような現実価値を見つけられる方角ではけっしてなく、つねに、可能性が存在する方角である。彼はこれから芽を出すものや将来の見込みのあるものに対して優れた嗅覚をもっている。彼は、昔から存在し基盤もしっかりしており皆に認められて安定しているが、しかし限られた価値しかもっていない事柄には、目もくれない。彼はつねに新しい可能性を追い求めているため、安定した状況の中では息がつまりそうに思えるのである。

ユングのこの説明も直感論にとって極めて示唆的な内容を含んでいる。端的に言って、ユング理論では「外向的直観型」のタイプの特徴として、一つには「外的状況への強い依存」が抽出されていることであり、その外向性の方向として「皆に認められるような現実価値が見付けられる方角ではなく、可能性が存在する方角である」と付加している点である。ここでは「現在」「過去」のみならず「未来」の価値が強調的に述べられている。この点に、レヴィ＝ストロースの民族学者特有の過去志向とは際立った対比がとらえられる。このことはただちにユングの精神分析家という心理臨床家としての特性を際立たせ、その対比に極めて印象的な光と影を投ずる。心理臨床家は常に患者の未来（つまり「生きる」）を前面に出して仕事をする人間だからである。だが、民族学者レヴィ＝ストロースに視野を広げれば彼が研究対象とした先住インディアンともども浮上し、ユングの立つ場とは逆転する。そこでは研究者、被研究者ともどもユング理論に従えば外向性が表面化する。先住インディアンにおける「外的状況への強い依存」は彼らの典型的特徴であることはレヴィ＝ストロースの研究自身が告げている（たとえば、植物の外形に対する異常なほどの執着）。また、それを研究するレヴィ＝ストロース自身の職業意識がまた彼自身を「外から見る」に徹底させる。このことについてユング自身に着目してとらえれば、彼が「共時性」概念の発案者であったことと密接かつ重大な意味を浮上させる。一つにはこの概念が臨床の場（患者との関係で）で生まれていることであり、いま一つにはその場が精神分析（無意識の分析）を主役として演出される場であったことである。そのいずれもがユングの立場の特殊性を際立たせている点は本論にとって看過しがたいことである。この点はレヴィ＝ストロースとの対比で重要であるのみならず、本論との対比にとっても重要である。本論は「直感」という一般心理を基盤としており、直感概念そのものを「一般直感」と規定もしているからである。このことをここで改めて特化し、ユング理論をさらに追ってみよう。
次の引用は「内向型の直観」についての冒頭部分である。

内向的な構えにおける直観は、無意識の諸要素と呼んでもよいような、内的客体に向けられている。すなわちこの内的客体は、たしかに物質的な現実ではなく心的な現実ではあるが、意識に対して外的客体とまったく同じような関係をもっているのである。

内的客体は直観的知覚に対して事物の主観的イメージの形で現れるが、この主観的イメージは外的経験の中に見出されるうるものではなく、無意識の・結局は集合的無意識の・内容をなしている。もちろんこれらの内容それ自体は、いかなる経験もそこへは到達できないという、外的客体と共通の特性をもっている。ちょうどわれわれが外的客体をまったく相対的にしか知覚していないように、内的客体の現象形態も相対的である、すなわちその形態は、われわれには到達不可能な内的客体の本質と、直観特有の特性との産物である。

この引用文は直感を思考する上でも、また共時性を思考する上でも極めて重要な意味を含んでおり熟読が求められる。鍵となるのは次の二点である。

第一の点は、この引用文の表面上の意味であり、そうであれば理解はそれほどむずかしくはない。冒頭の文の出だしはこのように始まる。「内向的な構えにおける直観は、無意識の諸要素と呼んでもよいような、内的客体に向けられている」と。これは内向的直観のことである。この直観の向かう方向は「内」であり、それゆえ「内的客体」へ向かう。ユングによってこの「内的客体」は「無意識の諸要素」と呼ばれる。さらにこの二概念は「物質的現実」ではなく「心的現実」と換言され、次のような文脈につながる。この「内的客体」は意識に対しては「外的客体」とまったく同じような関係に立つ。「無意識の諸要素」である「内的客体」は、「意識」にとっては「外的客体」と完全に同一となる。換言すれば、「無意識の諸要素」が「意識」にとって完全な「外的客体」となるということである。「無意識の諸要素」とは不思議な言葉だが、これにユングの「集合的無意識（元型）」を並べてみれば分かりやすくなる。だがそれは見かけの分かりやすさにすぎない。「集合的無意識」も「元型」もはっきりしないからである。前記の文はそれら晦渋な言葉を省けば「無意識は意識にとって外的客体となりうる」と簡略化されうる。これがユングの述べていることの核心である。直感論はこの簡略された文の趣旨を確《しか》ととらえ、肝に銘じなければならない。共時性概念はそのことの上に成り立っている。もともとそれは「内向型の直観」についてのユングの思考から生まれている。精神分析の被験者である多くの患者の「内向型の直観」のありようを前提条件として「共時性現象」がとらえられ、

「集合的無意識（元型）」が理論的に想定された。「無意識の諸要素」から成る究極的な「集合的無意識」が想定されたのである。

第二の点は前記引用文の深層的な意味に関係している。第一の点においては表層性がかえってその意味を複雑化させていたのとは逆に、こちらの方では深層性がかえって意味を単純化させている。だが、その含みもつ意味は直感論にとってはやはり重要である。この引用文で「内向的」と「外向的」が相対化していることに注視が必要である。「外向的直観型」の引用文では何の抵抗もなく読み通すことが可能だったが、「内向的直観型」の引用文の方では素通りできない抵抗感があり、何かしら示唆的である。一つには、内向的の「的」のもつ意味の重さである。「外向」「外向的」の差異性と「内向」「内向的」の差異性が人間のそれである場合はともかく、本論のようにそこに他の生き物をからめたときに生じてくるそれぞれの差異性は微妙に変わってくる。端的に言って、「外向」「外向的」は人間を含めた動物一般に通用する性向だが、「内向」「内向的」は動物一般を含めた広がりはない。「内向性」は他の動物とは違う人間の本質ではないかと疑義が生まれ、「外向性」と「内向性」の相対は人間に限って言えることであって、「生き物」一般には通じない。そうであればこそ「内向的」の「的」の意味が重くなるのだろうか。「内向」そのものは「人間」を指し示すが、「内向的」が他の動物にも広がりを想定しうるかどうかは疑問である（ユング理論は人間を主としているからそれでよいとしても）。

前記のことは本論が一般直感を直感とし、この一般直感において他の生き物への連続性を想定し、そのありようを「根源直感」と規定していることとも関係している。「内向」が人間をして他の「生き物」との差異を特徴づけるが、他の生き物にも内向性があるにしても、それによって「内向的」の程度を問うことは理にかなっているだろうか。そもそも「内向的生き物」としてどのような生き物を想定できるだろうか。すぐには思い浮かばない。それでは人間以外の生き物は外向的であると言えるだろうか。なるほどこの外向的の「的」は新たな意味を帯びてくる。この場合の「的」は、内向的の「的」とは趣が違う。いくら「内向」に「的」を付加してみても人間以外の生き物におけるそれらしさは「外向的」と述べるほどの実体は見えてきそうにない。

ユングの説明にあるように「外性」と「内性」の対比は単なる二つのものの相対ではなく、そこには質の相対が含まれている。内的客体のありようは物質的現実ではなく心的現実である。同じ客体であっても内的客体は心的であることで外的客体とはその本質が違っている。その際、内的客体と外的客体は意識と無意識それぞれにとって見え方が決定的に違っていて、無意識にとって内的客体は「無意識の諸要素」としてあるだけだが、意識にとっては外的客体と同一に位置づけられるとされる。これはフロイトの無意識理論に由来する決定的な意味を含む重要事項である。すでに抽出したユング理論の基本命題「無意識は意識にとって外的客体になりうる」に通じている命題である。

だが、そもそも「無意識要素」が意識にとって「外的客体」となりうるとは何を意味するのだろうか。これは本論がユング理論の根本に向ける問いである。その想定される答えは、「イメージ」あるいは「象徴」と関連するユング用語による説明となるであろう。その果てに「集合的無意識」としての「元型」が浮上してくるであろうことも想定可能である。この「無意識」は要素ではなく「全体性」としてあり、すでに内的客体のみではありえず、外的客体でありうるとされるであろう。このことについて本論には異を唱える理由はないが、もともと本論には無意識概念は属しておらず前提条件が違っている。「無意識」は「意識」ではなく、「意識」は「無意識」ではないと既刊の拙著で詳しく述べた。「無意識」自身を対象化することは「無意識」を自立させることを意味し、この「無意識」は「意識」の否定でも欠落でもなくなる。「無意識」という「意識」とするよりない。その場合の「無」とは何かが改めて問われなければならない。西欧の思考の論理はこの先に進み出ることはできない。

この壁を突破するには「循環」と「重畳」の二概念を導入するよりないが、それは「生きる」を導入すること、概念としては実存概念を導入することであり、「学」とりわけ「科学」を超えることが必要となる。共時性の未解決の謎はこのことに帰着するであろうと本論では想定可能である。人間との相対で他の生き物のありようを単に「外向」ではなく「外向的」と関連づけることにはそれなりの意味があるにしても、「内向」ではなく「内向的」と関連づけることには不適合感がある。人間以外の生き物にとっては「外的客体」は物質的に適合するが、「内的客体」は心的に不適合だからである。直感論からすればそれは「根源直感」領域のこととなる。そこに生き物の人間への連続性があるにしても、「根源直感」の領域のこととしてある。直感論では「一般直感」には「根源直感」が属しているが、「根源直感」自身は「一般直感」とは別である。「根源直感」は本来人間以外の生き物のように「根源直感」のみで成立している。人間のように「一般直感」に含まれる「根源直感」は直感の要素として成り立っている。それとは別の直感要素である「超越直感」と相対して「一般直感」を成り立たせている。直感のいま一つの要素「自己直感」とども三位一体となって「一般直感」は成り立ち、それらによって人間の「生きる」は可能になっている。

文脈が突然脇にそれたが、直感論にとっては重要なことなのでここで特記しておく。加えて、一般直感を構成する三つの直感を「自己直感」「根源直感」「超越直感」と新たに呼び、その個々の補完のありようを特化する。この三つの直感はあくまでも直感の要素としてあり、それ自体では働かないものである。これまで単に「要素自己」「要素根源」「要素超越」と述べてきたのもそのためである。その際、人間以外の生き物において働く直感を「根源直感」と呼ばなければならなかったが、前記したとおりこの「根源直感」はそれ自体で働くありように限定される。人間の場合に働く「根源直感」は「一般直感」の要素としてあり、他の要素と補完関係にあって始めて働く。

「内向」が人間以外の生き物を想定しうるかぎりにおいて「内向的」はありうるが、内向の向かう先がユングの述べるように「心的客体」であるとすれば、もはやそこには人間以外の他の「生き物」の加わる余地はないはずである。かろうじて「根源直感」が直感の名残のようにして人間と他の生き物はつながっている。人間のペットとしての「生き物」はその典型的なありようをしている。人間にとって、ペットのありようと対極にある「生き物」となれば「植物」や無数の「微小動物」が含まれる。その「内向性」ということであれば霧の中に拡散してしまう。その向こうには無数の「生きていない物」たちが控えている。ともあれ、ユングの直観論では外向性と内向性が鍵概念になっていることは重要である。共時性概念はその理論から生み出されているからである。そう思ってみれば、すでに述べを徹底化している。その徹底性が二人の職業柄に端を発するだけのことにしても前記のことに変わりはない。直感が直感を語るこの場こそが共時性の場であることが、今ここで如実となってきている。共時性に関する諸資料がこうしてここに集まってきている広さ、深さからすれば、レヴィ＝ストロースとユング二人の学問上・職業上の差異に比べて、二人の人間としての「タイプ」の差異は無限に小さいものになってしまう。ユング自身の共時性の定義である「重要な意味をもつ偶然の出来事」からすれば、彼の無数の患者達が示す症例は単なる事象へと吸収されてしまうのと同じである。巷に氾濫している共時性の事例もまた同様である。直感にとってそれらの事例は人間の「生きる」の一つの事象にすぎない。ユングはただひたすら自分の臨床家としての仕事に励んでいただけのことだったろうし、レヴィ＝ストロースは民族学者としての仕事に励んでいただけのことだったろう。共時性にとってはそうであるし、そうであればこそユングは「共時性」概念に出会ったのだし、またそうであればこそレヴィ＝ストロースはユング経由とは違うもう一つの「共時性」をこの共時の場に提供している。

今ここで共時の思考が「直感が直感を語る」ありようで展開しているが、この直感思考に共時性がどのようにからむかはなおはっきりしていない。この進み行きの舵取りは「外から見る」と「内から見る」の二視点に集約されてきているようにとらえられる。だが、これら二つの視点が視点と言えるようなものなのかは疑義がある。なるほど「外から見る」は分かりやすい表現である。文字通りその意味するところは「見る対象の外からその対象を見ること」である。だが、この表現には同じ語が繰り返されることによってかえってあいまいさが生じている。加えて、対象とはそもそも「外から見る」において向こうにあるもののことである。「対象」概念にはもともと「外から見る」視点が含まれている。このことについては、本論ではすでに点検済みの「表象作用」と「直感作用」の差異を参考にすれば分かりやすくなる。「対象」と「表象」の二語は「象」を含むことによって共通している。残るのは「対」と「表」の差異である。この「対」の意味は「象に向き合うこと」である。他方、「表」の意味は「象を表すこと」でもある。

前者は「方向性」を含蓄し、後者は「表現性」を含蓄する。方向性概念はユングの「外向性」と「内向性」を指し示している。それでは表現性概念は何を指し示しているのか。問いはこのようになる。「表現」とは本著の趣旨からすれば「歌謡」であり、「和歌」であり、「民話」であり、「物語」であり、「小説」であり、そして「神話」である。これらはいずれも表現であることに違いはない。それらに共通するものが「表現性」である。

前記の各表現形態に本章の主題である「思考」を近づければ、そこに新たな展望が見えてくる。それこそがここでの「表現性」の指し示すものである。一つは「物語性」であり、いま一つは「思考性」である。それに似た関係概念としては「説明性」「記録性」などがある。ちなみにレヴィ＝ストロースが「神話の衰えたもの、あるいは死んだもの」と位置づけた「小説」は、前記の「表現性」の各要素をすべて吸収しているととらえられる。小説は単にレヴィ＝ストロースの述べるような「神話の衰えたもの、死んだもの」であるにとどまらず、「神話の拡散したもの」と呼ぶことも可能であろう。実際、現代小説のありようは拡散しつづけているととらえられる。「直感物語論」が要請されるのはこのような文脈においてである。将来「直感小説」と呼ばれる流派が生まれるとすればこのようなことが含蓄されるであろう。小説は単に「説明」の要素のみならず「思考」の要素も含みうる。もともと小説の創作行為では直感の要素としての「自己」機能が主導することについては既刊の拙著で詳しく述べた。

直感論にとっての「自己」機能の本質が「表象」であることからすれば前記のことは当然の成り行きである。レヴィ＝ストロースが「小説とは神話の衰えたもの、あるいは死んだもの」と述べるとき、「神話」が直感の要素としての「非自己（根源と超越）」によって成り立つ物語であるととらえれば分かりやすくなる。そのような趣旨でレヴィ＝ストロースの前記の言葉を直感論的に表現すれば、「小説とは〈非自己〉が衰えあるいは死んで〈自己〉によって作られるようになった神話である」となる。これは現に直感論にとっては当を得ている。そうであれば、本来創作と呼ばれる小説に「説明」のみならず「思考」が主導的に参入することとなるのも必然である。それが一つの小説の未来のあり方である。それを避けようとするのであれば、小説は再生を目指して「神話」の方向へ先祖返りを目指すよりない。それはまたまったく新しい神話のありようをした小説となるであろう。たとえばギリシャ神話にあるような神々の話のことではなく、人間自身の話のことを神話的に語るありようである。それが先祖返りの逆方向の進み行きをもつことからすれば現代小説のありようとはまったく違う性質のものとなるだろう。それは神々の話でないことはもちろんだが、現代小説にとって一般的な人間の話ではなくなるだろう。主役にせよ脇役にせよ、そこに登場する人間は「身体」つまり「行動」を中心とするのではなく、「心」を中心とするものとなるだろう。主題としての主役は人間そのもののことではなく、人間の「心」となるであろう。そこでは行動のもつ分かりやすさは影を潜め、つかまえどころのない「心」の漠然としたありようが語られることになるであろう。先祖返りにふさわしく古代の「物語」や「和歌」が目指すものに近づいていくであろう。さもなければ、前記したように「思考」を前面に出して物語るありようの新しい小説が求められるようになるであろう。その場合には小説が小説であって論文ではないことから、そこで主役を演ずる「思考」は「人間」の「生きる」についての「思考」に限定されていくことになるであろう。

以上は、直感思考との関連で急遽浮上して来た現代小説の未来の形だが、その鍵概念になっているのは直感だが、直感の特性からして二方向があって（心と身体）、二つのタイプの現代小説の進み行きが特化される。後者の「身体」を主役とする小説は「行動」を特化し、現代小説に直接つながっている。問題は「心」を主役とする小説である。そこにもまた直感の要素としての「自己」の特性からして二方向があって（心情と思考）、二つのタイプの超現代小説の進み行きが特化される。その両極はこれまでにないありようの小説であることから最初の内は一般には馴染まないであろう。だがそれは両極に限ってのことであり、その中間に属する作品についてはことさら驚くようなものではない。前者の「心情」そのものを登場人物（人間の「生きる」と密着する心情）とするような小説の極限的ありようを「心情的直感小説」と命名し、後者の「思考」そのものを登場人物（人間の「生きる」と密着する思考）とするような小説の極限的ありようを「思考的直感小説」と命名する。その間に従来の小説に近い形態が過渡期として残るであろう。このような先行きが想定されるのは現代において進行する小説の形態にその兆しがとらえられるからであり、また「神話」が現代に生まれる可能性を活字文化に限ればそのような方向性しか想定できないからである。

直感が「物」を語るのでなければ神話ではないし、また直感が「物」を語るのでなければ小説でもない。「神話」は直感要素の「非自己」によって「自己」の補完のあるなしに主導され、「小説」は直感要素の「自己」によって直感要素の「非自己」の補完を得て主導される。「神話」の創作者が誰であれ、また「小説」の作者が誰であれその創作行為には多かれ少なかれ「思考」が関与するはずだが、「思考」は本来「神話」にも「小説」にもなじまないものであろう。神話思考は「神話」自身にとっては他人事であり、直感思考は小説の創作者（作家）の「自己」にとっては「非自己」の補完のないかぎりでは他人事である。そもそも小説に人間そのものが登場することとなっているのはなぜか。小説の語りが単なる人間の説明としてではなく、人間の生きるありようをそのまま語ることとなっているのはなぜか。これらの問いの答えとして現在急速に発展する映像媒体制作物を取り上げ、小説はすでに時代遅れになったと述べることは当たっているか。否である。映像は見ることはできても読むことはできない。「見る」と「読む」とでは心情性と思考性それぞれの濃淡、深浅、広狭が違う。実際、映像によってでは「心」そのものを見ることはできないであろうし、「思考」そのものを見ることもできないであろう。せいぜい聞くことができるだけである。その「聞く」にしても俳優あるいは脚本家の台詞をそれなりに聞くことであり、せいぜい「言葉」を聞くことであって「思考」そのものを聞くことではない。ましてや心情性そのものは見ることも読むこともできない。映像によって見ることができるのは人間のこととしては行動や表情に限られ、その表情にしても心情そのものではない。小説はけして時代遅れのものにはなっていない。小説の本来の原点に戻ればよい。レヴィ＝ストロースの言に拠れば、小説の原点は神話である。その後に起こる変化は単に活字文化から映像文化への移行ととらえるような表層のことではない。このような表層上の急速・広大な変化は深層の本質的変化を想定させる。根源・超越の各領域で何事かが本質的な変化として起こっているはずである。もともと「変化」とは〈根源〉と〈超越〉に端を発するものでありその逆ではない。〈根源〉は「心情性」を根源的に特化し、〈超越〉は「思考性」を超越的に特化する。「心」がその二要素としての「心情性」と「思考性」を特化する。

これからの「物語」としての小説は神話を継承する使命を負っており、〈読まれる言葉〉として「心」そのものを登場人物とする。「現代神話」として神々のことや人びとのことが語られるのではなく、「心」のことが「心情」として「思考」として「生きる」とともに語られることが求められている。「心情」そのものが思考されたり分析されたりするのではなく、また「思考」そのものが思考したり分析するのでもなく、「心情」そのものや「思考」そのものが登場人物となりうる「語り」が現代の神話たる資格を得る。神話は神話として逆転し、小説は小説として逆転する。題材として「物」から「心」への移行がある。映像文化が古来の小説のありようを継承するのとは裏腹に、超現代小説は映像のありように似て「心」をそこに現にあらしめようと努力する。現代の映像文化に染まった新世代の若者が「小説」を初めて書こうとするときに出会うときのように。神話心情は現代にはなく、心情的直感と思考的直感が心としてあるだけである。同様に神話思考は現代にはなく、直感思考があるだけである。この世に特段の神秘があるのではなく「自己」と「非自己」の補完が働いているだけのことである。「心情」は思考が届かない限りで小説の物語になりうるし、「思考」は心情に包まれているかぎりで小説の物語になりうる。そのいずれにおいても直感思考は「自己」と「非自己」の補完作用として働いている。ここでの文の進み行きが成り立っているのと同じ原理で……。

第二部　応用編──『古事記』とアイヌ神謡・民話──

直感の原型を追う本論の文脈は第一部の最終段階でユング概念の「共時性」に集約されたが、本書の主題が「直感」であることからすればこの二つの概念「直感」と「共時性」の関係を問うことは必定であり、「共時性」を単にユング概念として済ましておくわけにはいかない。「共時性」概念は当然のことながらユングの臨床経験とそれに基づく理論から導き出されたものだが、これらは単にユング自身の独自のありようを示しているのではない。彼の理論が早い時期からフロイト理論と袂を分かち発展していることを考慮に入れるにしても、それが「精神分析」という大枠から外れているわけでもない。「共時性」概念のみならず彼の「精神分析」から「無意識」概念を除いてしまってはそのどちらも成り立たないことにこのことは明らかである。直感論からすれば、ユングの精神分析の臨床にまつわる諸事象は引き続き「内から見る」が特徴化しており、厳密に見れば「外から外として見る」視点が欠けているととらえられる。また前記したフロイト理論に端を発する進み行きからすれば、「意識」が「無意識」をとらえるという極めて特殊なものに帰着せざるをえない状況を浮き彫りにしている。そこに見えてくるのは「意識」が外から見る「無意識」のありようのこととなり、「意識」がもともと内のことであるかぎり、たとえ「無意識」が外的客体としてとらえられてもそれは引き続き内のことである。その結果、その場合の「無意識」のありようはユング概念にとどまるよりなく、その必然として見えてきた対象は「集合的無意識（元型）」と呼ばれるにとどまったと直感論にはとらえられる。「意識が無意識を見る」とはそもそもどのようなありようの、どのようなことなのだろうか。この問いが第一部から引き継がれる大きな課題である。「意識が見る」とはそもそも何であり、どのようなありようのことだろうか。この「見る」には目による「見る」を含むのでなければ全体性はない。直感にとってはこのような「内からの視点」に限られる「見る」はせいぜい「意識が知る」以上のものではありえない。ユングはこの事態を知っている。このようなありようの「意識が知る」はそこに直観が働けば、その「知る対象」である「外的客体」に「無意識」を根づけることができるとユングはとらえる（フロイト理論の「カセクシス」に相当するユング理論の核心）。このことを本論に即して述べれば、「自己」と「非自己」の「循環」と「重畳」の「複合作用」のことである（この作用をここで改めて特化し、直感論とフロイト理論およびユング理論との対比を明らかにする)。

ユング理論に従えば、前記の「意識」が外的客体としての「無意識」をとらえるときこの「無意識」は力動化される(この場合の「見る」は前記したように単なる「見る」ではありえず、ユングはこれを「内向的直観」と呼ぶ)。この相互作用のうちに「共時性」概念が基礎づけられている。第一部の最終項でこのような表現の晦渋性を指摘したが、その際「意識」の外的客体としての「無意識」は特別なものであることにも言及した。そのようなことが起こるのは精神分析臨床の特別の場であるか、さもなければ「共時性」事象を意識化し、たとえば一般人が共時性経験の個人的内容についてメモを取るような日常の場であるかのどちらかであろうと本論にはとらえられる。また、「意識」が「物そのもの(直感論による表示)」を外的客体としてとらえる場合にも、ユングはおそらく無意識理論の延長として外的客体への無意識化を想定するであろう(「力動化」「エネルギーの付加」、後掲の『心理学辞典』の説明参照)。これは既刊の拙著で検討した「画家が物そのものを描く感性へのメルロ＝ポンティの理論的言及」に通ずるととらえられる。精神分析理論は「意識」と「無意識」の二元論に基づくかぎりのことであるとすれば、本論としてはこれに異を差し挟む必要はない。だが本論が人間の「生きる」を目指しているかぎりでは「意識」は「無意識」あってのことであり、逆に「無意識」は「意識」あってのことであることも自明である。「心」は「身体」ともどもでなければありえないことからしても「意識」と「無意識」を個々に扱うのは理論上のことか、さもなければ臨床上のことに限られることも自明である。ともあれすでに始まってしまった第二部の進み行きは、これらのことを抜きにしてはありえないばかりか、それらを鍵としてのみ直感概念のありようがこれまでになくいっそう明らかで確かなものとなってくると想定される。第二部の論述に入るに先立ってこれらのことを強調する意味でも、手元にある『心理学辞典』(誠信書房)から前記「カセクシス」についての説明文の一部を抜き書きしておく。

語源的には catechein に由来し、保つとか占有するの意。Besetzung の英訳として investment が使われたこともあるが、この用語法はフランス語にそのまま表われている。とりかこむとか投資するの意味をもっている。それに応じて日本訳も充当・配当・纏綿などが使われている。フロイトがBesetzungという用語を採用したのは、空席を満たす、という意味で、今までから（筆者注・空）であったものを充満させるという意味で使われている。こうした用語が必要になってくるのは、その背後に心的エネルギーの考えがあるからである。ある考えやイメージが心理的に意味をもってくるのは、それらにエネルギーが充当されるからで、充当されなければ心理的に意味をもたない、ということを示そうとするものである。一般的にいえば、心理的過程やイメージなどに心的エネルギーを充当する程度のことをカセクシスという。（中略）フロイトの意味していることは、意識的な考えやイメージでなく、無意識的な過程やイメージにも興味や関心が注がれるということである。

第二部では前記の趣意に沿って「共時性」概念を鍵として引き続き「直感が直感を分析する」を進めるが、その際第一部で見えてきた神話や民話などにおける「物を語る」と関連する「文化」および「それをさらに広め、深めた世界の各文明」の具体的ありように沿って「直感物語論」を新たな形で展開し、最終的には直感概念と直感理論の更新を目指すこととする。前掲の「カセキシス」概念はフロイト理論に基づくものだが、この概念を本論に引きつけてとらえ直せば、直感理論における「自己」「非自己」や「根源」「超越」や「意味」「意図」や「意味A」「意味B」や「意図A」「意図B」などの各種二項対立がさらなる二項対立として「循環」し、「重畳」することを示しており、単にそのことにとどまらず最終的に「対立」と「補完」の二項が形成されるととらえられる。直感論においてはこれらさまざまなありようの二項対立の核となるものが「意」と規定され、「歌謡」と「和歌」に典型的な領域ではこれとは別に「情」が改めていま一つの「核」として浮上してくる。このことからすれば「二項対立」と「二項補完」は直感の核にまで及んでいることが想定可能となった。「意」と「情」の関係は「話し言葉から成る歌謡」と「書き言葉から成る和歌」の対比において互いに規定し合う方向が逆であることも示唆される。「核」は本来的に一つしかないのが自然であるから「意」と「情」の関係は、一方が沈むとき他方を浮かび上がらせ、その逆もまたありうることが示唆される。第二部の論述に入るまえにその論旨理解の補佐としてここであらかじめ直感の構造を簡略化した図を表示し、それについての若干の説明を加えておくこととする。

図の濃く塗りつぶされている部分が「直感の核」と想定可能である。ユング理論の「元型（集合的無意識）」もまたこの部分に関係してくると想定されるが、直感論では「非自己」とは「自己以外の一切」と単純に規定されており、またこの「自己」は従来の自己概念、自我概念に重なっている。「身体」もまた「自己」に属しており、それが重畳、循環することによって「非自己」へとつながっているととらえられている。このように述べてくれば、図示はあくまでも図示にすぎず、それは「言葉」があくまでも「言葉」にすぎないことに通じている。

「言葉」の「表層」と「深層」の各意味が重畳、循環するかぎりで「言葉」の固定のありようはあくまでも仮の姿にすぎない（「表象様式」）。直感論においては表象様式とは別に直感様式がとらえられており、「自己」が直感様式の要素としてあるかぎりで「心」と「身体」いずれもが「自己」に属しているのもその一つの現れにすぎない。このことを再び「言葉」に戻して述べれば、「言葉」のもつ各意味が重畳、循環するありようとは「言葉」そのものの直感的現れにすぎない。このような「言葉」のありようを「実存概念」と規定してある。これは直感様式をまとった「言葉」のありようのことであり、その本質は意味の揺れのことである。これは直感の〈核〉自身の揺れでもあるととらえられる。これらは単に「心」のことに限られず、「物」の〈核〉のありようへとつながっていると想定可能であり、直感論は一方において「心理学」を指し示し、他方で「物理学」を指し示しているととらえることも可能である。人間にとっての「心」と「身体」、世界や宇宙にとっての「心」と「物」を想定することで「直感」と「唯一全体性」との関係が展望されている。

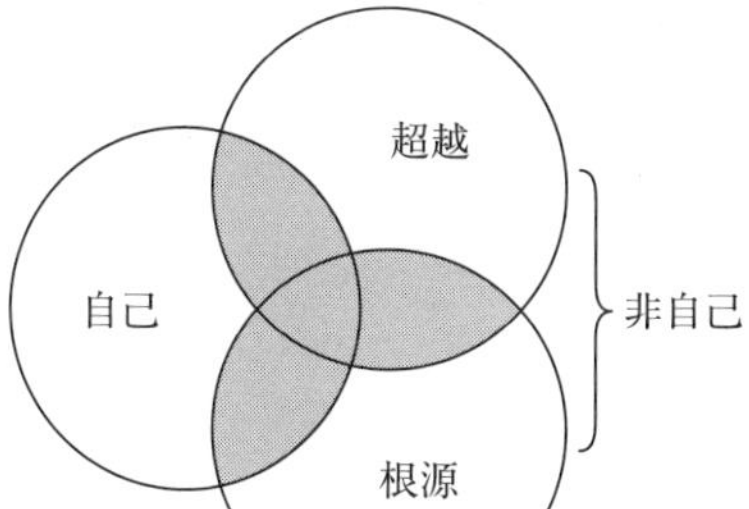

図　直感の基本構造

第一章　『古事記』

本章は『古事記』が歴史書か神話かと問うことから始まる。その答えは簡単である。そのどちらでもない。問いはただちに次のように変わる。どちらでもないとすればそれはなぜか。またそうとすればそれは何か。

歴史書でないことは歴史とは言えないことが多々語られているからである。そのような欠格には二つのありようのものがある。一つは、いわゆる神話にふさわしい奇想天外のありようのことである。これは明らかに歴史書に反する。いま一つのありようは、史実にはない事柄が書かれることである。このようなありようは少なくとも歴史学の書物としては不適切であるが、不完全な歴史書と言うことであればその限りではない。せいぜい仮説程度として記載されることが歴史書としては求められる。以上の欠格条件二つとも『古事記』は満たしている。したがって、この書物は歴史書ではない。では、「神話」とも言えないとすればそれはなぜか。またそうとすればそれは何か。問いはこのように変わる。この問いは歴史書としての問いに比べてむずかしい。神話の定義を改めて考えてみなければならない。だが、この問いはそのまま本論につながってくるし、第一部の「神話」の項で詳しく考察してもある。改めて問う。そもそも「神話」とは何なのか。単に神のことを書いた話なのか。それとも神が登場する物語のことなのか。それとも神に限らず人間にとって不可解なことが書かれている話なのか。この最後の問いの場合は漠然としているので、その不可解が「神」なり「人間」なりとの関係で書かれていることが条件とされる必要がある。さて『古事記』

はこれらの問いをどの程度充たしているか。本章はこの最終の問いから始まる。「書く」は書物としては必要条件だが、「神話」にとってはそうではない。「話す」は「神話」の日本語呼称に「話」が含まれていることで『古事記』にとっては重要である。そう述べるそばから、『古事記』の書名に「記」が含まれていることも急浮上する。これもまた『古事記』にとって重要である。『古事記』は自らのありようを「古事を記す」と規定することで、それ自身のありようと神話のありようとの矛盾を定立する。神話とはその字義にあるとおり、神のことであれ神についてであれ〈話す〉ことだからである。これは些細なことだろうか。なるほどどちらもたまたま日本語上のことに限られる。だが、本章が『古事記』を題材とする場であればその方もまた些細なことである。実際『古事記』が抱えている問題はこのことに尽きると直感には早々ととらえられもする。第一部で日本語発生の背景の特徴を重視する必要をくどいほどに強調したのもゆえないことではなかった。『古事記』という「歴史的神話」が生まれているのもそのような歴史的背景の内においてである。『古事記』のもつ「歴史性」が「神話性」と絡み、その正体を濃い霧の向こうに霞ませるのもそのゆえであろう。「古事」として神話と歴史がともに含まれていることでこの「書」は成り立っている。このことは単なる偶然のことではない。ここには「意味ある偶然」があって早々と「共時性」を指し示す。

「歴史性」と「神話性」の共立は一つの二項対立ととらえられるが、この二項はあらかじめ目指されて共立しているのでないとすれば、この二項対立は共時性をも指し示している。そう思えば「歴史性」は明らかに「時間」を指し示し、それに反して「神話性」は逆に「時間の停止あるいは変容」を示唆する。このことに「空間」を絡めればそこにどのような事象が浮かび上がってくるだろうか。だが、これは単に「外から外として見る」視点がもたらす事柄である。そこにあらかじめ意味や意図があるわけではない。だが、それはまぎれもなく直感の働きがもたらす事象にはちがいない。ここでこのような視点のありようを「外発性視点」と特化する。

外発性視点とは外から外を起点として発せられる視点である。それは目による視覚ではなく、直感の働きとしての「見る」である。ユングが「意識が無意識を外的客体として見る」と述べることに重なっているかもしれない。そのどちらにも「目による見る」つまり「視覚」は含まれていない。だが、「意識が見る」は「外から外として見る」ではない。「内から外として無意識を見る」である。これに対して、今ここで突如起こったことは（これもまた共時性なのだが）、「目と心（直感）」が「書かれつつある文字」を「外（内を含む）」から「外（内を含む）」として見て、今こうしてその続きの「直感が直感を分析する」を進めている。ここには明らかな確かさで「外発性視点」が「内」と循環、重畳しながら事を前に進めている。そこには常に「内」があるにしても、出発としての起点は「外」でありつづけている。この「外」は「内」を支えつづける事でこの場の事象を生みつづけている。

前記のこととは違う「内発性視点」が別に想定される。ユングの「意識が無意識を外的客体として見る」をここに位置づけてみる。この事象を正確にとらえれば、「精神分析者の意識が患者の無意識を外的客体として見る」である。この事象は分析の進行とともに「患者の意識が患者の無意識を外的客体として見る」へと変化していく。この前項にある「精神分析者の意識」は精神分析者にとっては内発的であり、患者の無意識を外的客体として見る。この「見る」はその表現に惑わされなければ「内発性」である。そこで展開しているのは内発性視点である。他方、後項における事象では「患者の意識」は精神分析者に促されて自らの無意識を外的客体として見るにしても、その「見る」は外発性である。なぜならそれは自らが発した「見る」ではないからである。それは外発性視点によってもたらされているが、外的客体とされて見られた無意識は精神分析者経由のものであり、患者は内的客体として見るよりなく、この方の「見る」は内発へともどるよりない。この「見る」はここで現に起こっている「文字を見る」のような外的客体もなければ、内発性視点もない。この文脈中に明らかになっている「外発性視点」と「内発性視点」の差異のありようをここで特化しておく。そこには三種のありようの視点がある。一つは、今ここで現に進んでいる「文字を見る」である。二つめは、「精神分析者の意識が患者の無意識を見る」である。三つめは、患者が精神分析者に導かれて自らの無意識を見る」である。それぞれの差異ははっきりしている。一つめは、外発性視点による「見る」である。なぜなら「文字」が「物」としてあって「見る」があるから。二つめは、内発性視点による「見る」である。なぜなら〈本来見えない〉無意識を「外的客体」として〈見よう〉とするから。三つめは、外発性視点による擬似的な「見る」である。なぜなら自らの無意識を単なる客体（外的でも内的でもない）として見ようとするから。ともあれ、この三つのありようのうち視覚的に見えるのは一つめのここでの視点に限られる。これはここにおける直感のありようと働きを明かしている。他方、精神分析者の「見る」は単に視覚が欠落しているのみならず、意識がその欠落を加重に補っている「見る」であり、二重にも三重にも意識が前面に出て直感の働く余地は限られている（意識による洞察の働き）。他方、患者の「見る」もまた視覚が欠落しているのみならず、直感はただ意識と無意識の混在に不確かに向き合うことに限られている。後者の二視点は、視覚が欠けていることでどちらも内発的にならざるをえないが（ユング自身の理論である外向的直観の不全）、分析者の場合は、〈意識加重の内発性視点〉を示し、患者の場合は、〈意識混濁の内発性視点〉を示しているととらえられる。ここに二種のありようの内発性視点を特化しておく。

さて、本筋の文脈に戻ろう。事の発端は『古事記』のもつ「歴史性」と「神話性」に関連し、外発性視点と内発性視点がそれこそ共時的に絡んできたことが原因であった。ここでの文脈の共時的ありようが「歴史性」と「神話性」を共時的に招き寄せ、筆者がそこでの文脈を省みたとき、その〈省み〉自体が自ら書いた文字への「見る」へと通じた。次にこの「見る」自体が「外から見る」を特徴づけ、ここでの分析の進み行きにおける「内なるありよう」に「外から見る」が交差した。内発性と外発性が「見る」とからんで浮上したのである。その際、事前に「時間性」が「歴史性」との関連で主題化され、それが触媒となって「神話性」が「時間の停止あるいは変容」を示唆していた。その始まりに『古事記』があった。こうして外発性視点が引き続き残っていて、今この文脈の過去に視線が向けられ、探索的な読み直しが続いている。この読み直しの果てにはなおユング自身の概念である共時性概念が控えている。さらにその向こうにはいま一つの共時性さえ控えている。『古事記』がまとめられたのは八世紀前半のことであった。この時代の特殊性については第一部で多く触れたが、それは日本語の発生にまつわる視点が主だった。話し言葉は遠く古くからあったはずだが、問題は書き言葉である。その当時の当面の書き言葉の問題は漢字であった。漢字は日本人が公的なものとして初めて出会った文字である。このことには二つ鍵がある。一つは、外国の文字が先にあるということ。漢字は中国人にとっては文字だが、それは古代の日本人にとっては読もうとしないかぎり符号にすぎない。読もうとするかぎりでこの符号は何ものかに変わろうとするが、依然としてそれは符号以上ではありえないであろう。「読む」と「聞く」が現実のものとなって始めて日本人にとって漢字は符号から文字へと変わり始めるが、そこに意味が見いだされないかぎり引き続き文字とはなりえないであろう。だが、そのような符号と向き合う日本人は何かしら符号以上のものの存在を嗅ぎつけるであろう。これがこの時代の直感の働きようである。彼らは自らの直感を働かせて「話す」が「形」として存在しうることに気づくであろう。言葉に絡む果てしなく遠い日本人の旅路はここから始まる。そして今がある。「直感が直感を分析する」が一つの直感物語論として今現にここで進んでいる。ここには今もなお「歴史」があり、「神話」がある。外発性視点による共時性がユング概念とは違ったありようでここにはある。第一部で取り上げたいま一つのありようのレヴィ＝ストロース経由の共時性がここに寄り添ってきている。『古事記』に載っている無数の「物語」の小片がそのことを告げている。直感によってであれば、そのことを読み取ることは必ずしも不可能ではないと期待される。

現代に向けた日本人の果てしない旅路は古代の激動期から始まって各時代の歴史を刻み今があるが、その草創期におけるキーパーソンとしてとりわけ「言葉」と「直感」の関係を問うとき向き合わずにすますことのできない重要人物がいる。密教伝道者としての空海である。弘法大師と呼ばれ、その教えは真言密教と呼ばれるが、その源はインドにある。これについてはインドの古代文明との関係で改めて取り上げなければならないが、そこには仏陀というさらなる超重要人物が控えている。仏陀は人間だが神ではない。空海はその流れを中国経由で継いでいる。本論の進み行きが神話を鍵にして進み始めていることからすれば、仏陀や空海が人間であることの意味は極めて重く、この段階で「人間性」という直感にとっての鍵概念をこれまでになく強調しておかなければならない。本論の流れの本質は人間の「生きる」にあり、これは直感の本質でもあり、この本質を「直感の核」である「意」と「情」が支えているととらえられている。真言密教の原点はインドにあるが、密教伝道者としての空海の原点は中国にある。そのさらなる原点が日本の四国にある。時代は奈良末期から平安初期のことである。その時期はちょうど日本の国の形（政治）、日本の言葉の形（文化）が生まれて定まり始める時期に重なっている。一般にはよく知られていないことだが、空海は「日本の言葉の形（平仮名）」が生み出されることにおいて鍵となる人物である。その功労者でも指導者でもないのにそうなのである。日本語の言葉の根源としての鍵を握っているととらえられる。空海には直感論で言う「自己」の要素はほとんど皆無であったろうと推測されるからその意味での「功労」とは無縁であり、また社会的、政治的目的もその意味で希薄だろうからそのような意味での「指導」とも無縁であったろうと想定される。無心と言ってしまうのもおそらく当たっていないであろう。なるほど空海は日本人誰もが認める宗教的指導者と呼ぶべき人物と思われるが、その存在は「要素自己」の希薄性の度合いにふさわしくその器からはみ出ている。その「思い」もその「行動」も「要素自己」から超越したありようで生まれていたであろうと想定可能である。一国の「書き言葉」が生まれるには、それが単なる符号でもなくまた単なる原初形態の象形文字でもないとすれば、空海に象徴されるようなありようの力なしでは果たしえないであろうことも想定可能である。これは努力してできるものではもちろんないであろうし、指導して成就できるものでもないであろう。たまたま空海がその人生の早い時期から「書（道）」になじんでいたことが、その運命的な進み行きを定めたととらえられる。「書（道）」は中国の文字の「書く」に応じて生まれ日本に伝わったものだが、中国人が漢字を書くことと日本人が漢字を書くことにおける原姿はまったく違っているはずである。中国人にとっては「意味」は漢字と一つになっているはずだが、日本人にとってはその文字が符号である程度に応じて「意味」は漢字と一つにはなりがたい。空海にとってもその学びの原点においては「意味」と漢字は同一にはなりえなかったはずである。外発性視点が出発点となって漢字の手習いは始まったはずである。だがそれは「書（道）」の稚拙を意味するわけではない。それは内発性視点の欠落を意味しているにすぎず、それを補うように超「外発性視点」が働いていたと想定可能である。そのような「書」の美のありようが中国人の視点において驚きを意味していたとしても驚くには及ばない。このような状況において空海の心に起こっていたと想定されることは、漢字を書くことにおける「意味」である。その原初においてはそれなりに文字としての「意味」は希薄であったろうが（なぜなら空海にとって本来の言葉の意味は話し言葉、すなわち日本語の意味であって、文字、すなわち漢字の意味はまた別のものであったはずだから）、中国語の習熟とともにその障害は取り除かれ日本人空海は言葉上の中国人空海にも成り得ていたであろう（換言すれば、漢文への理解と習得）。これが空海にとっての中国（唐）への留学の意味である。だが、空海はそのような自らの心的変身にもかかわらず、自らの本来の言葉である日本語の話し言葉を書くことはかなわず、万葉仮名を代用する以外には術はない。このことにおいて空海に起こったことは「外発性視点」と「内発性視点」の深刻な衝突であったろうと想定可能である。空海にとってのこの一種ゆるやかな衝撃は、激動の古代後期を生きることが宿命となった宗教者であり書道家であった空海にとっては宿命的なものだったはずである。それこそが「身体」と「心」を一つにするその当時の日本人全般にとっての「古代後期の〈原初直感〉」に起こったことの内容であろうと想定可能である。その後、時を経て古代後期に平仮名が生まれることになるが、それは空海という一人の典型人において潜在化していたことの現実化であったろうと想定される。

『源氏物語』が紫式部という一人の天才女性作家によって可能になったのは、前記のような民族的歴史の前段階があってのことと理解されなければならないであろう。「もののあはれ」も「いろごのみ」も意として情として日本語の文字に同化できるほどにこの新たに生まれた日本語「ひらがな」は成熟していたのであろう。紫式部の人間としての成熟がそれに重なっていることは言うまでもない。歌謡や和歌や物語の発生の背景を直感との関連でとらえればそれらはみな人間の「生きる」との関係のことであり、生活に根ざしたことについてであった。言語の発生とはもともとそのようにして生まれ育つこと以外の何ものでもないだろうが、母国語が文字として改めて生まれることとなればそれだけで済まないことも事実であろう。単に初期段階の文化が生まれ育つありようとして文字の発生が重なるのであればそれはそれで済むかもしれないが、その限りではそれは単に一つの母国語が生まれ育つことにすぎない。だが日本語の「ひらがな」の発生のありようはすでに繰り返し述べたように単純ではない。その背後で「必然」と「奇跡」が共時的展開のうちに起こっていたと想定される。

改めて世界各国の母国語の差異について着目してみれば、その数に相当する数の謎が浮かび上がってくる。それぞれの言語は必然的でありながら奇跡的なありようで生まれ育っている。直感自身がそうであるとすればこのことは直感にとっては自明だが、もしそこに直感が働かない場合があるとすればそれは単なる必然となってしまう。そこにいたるまでの無数の紆余曲折はその必然性に埋もれてしまう。外発性視点によってはそのように見えるであろう。「必然」は外発的要因によって決まるととらえられるからである。だが、それは一つの半面にすぎない。内発性視点に従えば、一つの母国語の生まれる背景にはどのようなものであれ奇跡のありようが見えてくる。そこに無数の偶然が働いていることは森羅万象すべてに当たっている。その一つひとつをあえて共時性事象と言う必要もないであろう。「生きている空間」はそのようにして無数の共時性によって成り立っていることは直感にとって自明である。これがレヴィ＝ストロースの出会った共時性である。彼がまだ若い頃ヨーロッパの古代の地層と近代の地層とが互いにずれた境界を目にし、それぞれの土地にそれぞれの歴史をもつ植物がこの現代に共に生きていることに感動したのは、彼が外発性視点でそれらを見たからであろう。そこに潜在する「過去」を見る「内発性視点」が単に働いているだけであるとすれば、それはいかなる感動も呼び起こすことはないであろう。その後の彼の「生きる」が民族学者としての「生きる」となり、アメリカ大陸の「空間」を外発性視点で見つめ、そこに現にある「時間」を外発性視点でとらえるという彼の離れ技が学問上の奇跡を起こすことになったにしても驚くには及ばない。そこに潜んでいた奇跡こそ今ここで述べようとしている空海にまつわる奇跡に通ずるものである。空海が母国日本で触れ、見て、知った文化は生まれたばかりの大陸経由の文化が日本固有の直感と出会ったありようのことだが、そのありようの複雑さと新奇さが明らかな確かさでとらえられるためにはそれにふさわしい直感のあり方が必要であった。奇跡はここで起こる。それは単に人間空海の優秀さを述べることに尽きるのではない。ここにある共時性はただ事でないありようのものである。そのことが日本語の生まれる現場で起こったと想定可能である。この日本語のありようは単なる母国語であるのみならず、平仮名が独自に生まれ育つという意味での日本語のことである。そのためには決定的な外発性視点が不可欠であったろうと想定可能である。世界に生まれている多くの象形文字もまたこの奇跡によって生まれていると本論ではやはり想定可能だが、民族学者レヴィ＝ストロースの外発性視点がこのことをとらえていたかどうかは不明である。単なる符号であるアルファベットがどのように生まれるかは別としても、象形文字は外発性視点がなければ生まれることもかなわないであろう。外のものを外として見るからそれを文字として移す（写す）ことができる。それは「絵を描く」の延長線上にある行為である。とりあえずそこに「意味」はなくともよい。外にあって見えるものをここに移す（写す）ことで用は足りている。世界や宇宙は外に現としてある。空海の目はこのことを見ていたのであろうととりあえず述べておくことは可能である。その証は、古代から現代まで「色」と「形」で伝承されている密教の数多くのマンダラ模様が示している。

『古事記』への接近法としては一般に二つの方法があるととらえられている。一つは遺跡や遺物などの物的証拠に頼る実証からの接近である。いま一つは「文」を読み、そこに紛れもなくあるはずの「心」をとらえる道である。前者が「外発性視点」に当たり、後者が「内発性視点」に当たることははっきりしている。だが、前記のことにはいくつかの問題が潜んでいる。『古事記』に接近する動機がここからは抜け落ちている。ここにも二種のありようの動機が想定される。一つは「歴史的事実」を明らかにしようとするものである。いま一つは「古代人の心」を知ろうとするものである。これらについては次のような問いが控えている。第一の歴史的事実に向けての動機が外発性視点と重なるかという問いである。一見重なっているように思える。その姿勢は確かに物的実証を求めているし、証拠物はなるほど外にある。だが、その物自身は単に外としてあるにすぎない。『古事記』を研究する者にとってはそうでないにしても、物そのものは遺跡であれ遺物であれそこにあるにすぎない。掘り出されなければそれはそこに生まれたままでである。

前記のことはレヴィ＝ストロースにおける場合と何か差異があるだろうか。彼の原体験としての二地層の境界とそれぞれの地層の植物のありようはレヴィ＝ストロースにとっては偶然の出会いであった。それを契機として彼のその後の長い研究生活が始まったとすれば、そこにあった「偶然」は原点としてその後の彼の研究生活のすべてを基礎づけているはずである。これがこの場合の共時性の本質的意味であり、「偶然」の内に含まれる「意味」である。それは彼の直感を根源から支えつづけることになる「根源的意味」である。このように本人が気づくにせよ気づかないにせよその人間の直感を根源から支えている「共時的意味」をここで「根源的意味」と特化する。このように述べることにおいて「共時性」概念そのものが直感概念と不可分であることも見えてくる。「意味」が直感の一つの核としてあることも同時に見えてくる。すでに繰り返し述べたようにこの「意味」はいま一つの核である「意図」と循環し、重畳していることも見えてくる。それればかりかさらなる核として「意」が控えていて、これについてもすでに述べたことだが、いま一つの核が「情」としてあり、それら二つの核も循環し、重畳することも見えてくる。さらに核としてのこの「情」は「情覚」と「感覚」の二つを指し示していることも見えてくる。『古事記』の研究家が遺跡や遺物を求めるのは、前記同様に気づくにせよ気づかないにせよ彼の直感がそのように仕向けているはずである。これは明らかに内発性視点である。一見外発的行為と見られるこの行為は内発性視点に支えられている。このことは単に「行為」と「視点」の差異を示すにすぎないのだろうか。だがそうであるにしても、「行為」と「視点」は後者を「視覚」と置き換えれば互いに身近なものとなる。全体としてであれ部分としてであれどちらも「身体」が主導するからである。当該の状況は再び外発性視点へと堂々巡りする。ここでわれわれは直感特有の重畳と循環の事象に出会っているのだろうか。そうとすれば「外発」と「内発」の二つの「発」のどちらの「発」が基点なのかを問うことで事は決着する。ここで新たに外発性視点に対応する「外発性基点」を特化し、内発性視点に対応する「内発性基点」を特化する。この「基点」は「生きる基点」のことであるとただちに限定する必要がある。「学」のための基点ではない。このことで問われているのは『古事記』の研究者の姿勢のことである。「学（研究する）」のためであるとすれば「表象作用」が浮上し、「行（生きる）」のためであるとすれば「直感作用」が浮上する。それは研究者の本質的ありように直結している。ちなみにここで働いているのは直感作用が主となるありようであり、そのことを明かすように筆者の指がワープロのキーを打ちつづけている。これは「書く」の一つの現れである。ここには「見る」も明らかにあるが、同様に「打つ」も同じ明らかさである。ここにある明らかさは外発性基点である。内発性基点がその背後にあって互いに循環し、重畳していると想定可能である。循環があるとすれば、問題はどこで事が始まるのかということである。事が始まるのは常に根源からとすれば、ここでの始まりは内発性基点となるだろうか。仮にそのような始まりを刻印する基点をさらに起点とここで置き換えることとする。

『古事記』の研究者が遺跡や遺物を求めるのは、前記の意味では紛れもなく内発性基点である。遺跡や遺物を見る前に見ようと決めるからである。だがそれは確かに「行く」の始まりであるが、それは「部分としての生きる」の始まりである。このように見てくれば「全体として始まる」と「部分として始まる」の差異が浮かび上がってくる。そのことが決まるには本人が気づいているにせよ気づいていないにせよ「心」と「身体」が鍵を握っている。『古事記』の研究者が遺跡や遺物を求めるのは学のためであるにちがいないであろうが、直感論では「学」としての「生きる」は単なる「生きる」とは別であるととらえられている。この実存は特殊実存である。現にその究極において「真理」のためには「生きる」を犠牲にするガリレイのような人間もいる。その場合の行為は超越要素につながっている。「真理」を目指すことの必然である。このありようは究極的な外発性である。直感論的に述べれば、それは「要素自己」を超えるからである。だがこれは自らの命を「真理」と交換する場合であって、そのような「要素自己」のありようは例外的であり、通常は「要素自己」を超えるのは「心」として超えるのであって、この「超越」は「言葉」としての超越、つまり表象作用のことである。一般的に学者はこの道に就く。これが学者や研究者における一般的な外発性起点である。この点は『古事記』の研究者に限らず、レヴィ＝ストロースの場合でも同じであろう。その場合の共時性事象は「表象」を「意味」とした学の展開のありようとなっている。そこでの「意味」はユング理論が説くような偶然の「意味」ではなく、必然の「意味」である。この共時性は一般の「生きる」と連動する共時性と対極にあるもので、そのありようを「共時性」と呼ぶことは控えなければならない。学における共時性はユング理論の共時性とは別のありようをしている。これまでの長い論述の道のりはこの事実にたどり着くための遠回りであった。『古事記』の研究者が遺跡や遺物を求めるのは一見外発性のものとも見えるし、また内発性のものとも見えるのは学における特殊性が人間の一般性とからむからで、以上見てきたことのありようはその複雑さを示しているととらえられる。そしてそのようなこと自体に「古事記」の抱える複雑さが示されているととらえられる。

「古事記」の研究者は学としての必然性から遺跡や遺物を求めるのだが（外発性起点）、その「生きる」は「必然」のみで成り立つわけでないことは自明であり、無数の「偶然」から成り立つこともまた自明である。そのどちらにも「意味」があってそれぞれの「生」は成り立っているが、一方は「必然的意味」であり、他方は「偶然的意味」となっている。そのどちらにも共時性が関わっていくだろうことも想定されるが、「必然的意味」から成る共時性は言わば「死んでいる共時性」である。ユング概念としての共時性は「意味ある偶然」から成り立っており、「死んでいる共時性」とは別のものである。このことを別様に表現すれば「凍りついた共時性」である。これはこの世界のことでもないし、この宇宙のことでもありえない。このことは直感が指し示す極めて重要な事項であり、ここで今述べた諸概念をそれぞれ改めて特化し、さらに次へと進むこととする。『古事記』にとってはこれからが本論である。

「知る」の方の動機の場合はどうか。これは逆に一見して内発性視点（起点）である。「知りたい」という内発性は明らかであり、知る対象も「心」であり内的である。それでは『古事記』を読むこと自身はどうか。文は外にある。だがこの文そのものは古代（前期）人の書いたものではない。新しく古代（中期）人の書いたものである。だがそうであってもその文は古代（前期）人の話していたことに基づいているととらえられている（口頭伝承）。『古事記』の文は古代（前期）人の内へと通じている（古代人の心）。文字は外としてあるが、それを読むことにおいては内へいずれにせよ「読む」に関しては内発性視点（起点）である。「読む」は読み手の内に発する。そもそも「古事記を読む」という行為はどのような行為なのだろうか。すでに述べたように『古事記』のありようを「古事を記す」という現代語に置き換えることはできない。「記す」は「話す」と一つになり「読む」は宙に舞う。この事象は空海について述べたことの内容と似ている。もともと文字は読むことはできるが、話し言葉は読むことはできない。だが、文字であっても意味不明の文字は「読む」にとっては意味としては成立しない。鸚鵡返しが成立するだけである。「読む」は宙に舞う。それでもなお「意味」に向かいたいのであれば、文字の形を見るよりない。「読む」が「見る」に変わらなければならない。これがすでに述べた空海の身に起こったと想定されたことのありようである。だが、文字の形を見ていても、そこに何か別のものが見えてくるわけではない。この「見る」は単なる「見る」であって、文字の形以外のものがそこにあるわけではない。そこには「読む」が欠落している。この「見る」は「読む」と一つとなった「見る」でなければならない。直感の働きが要請されるのはこの時である。「見る」と「読む」が重なり一つになって循環するのでなければならない。だが、この説明は直感の働きを説明したことにはなっているにしても、『古事記』の「話す」を読むことにおいて起こることの説明にはなっていない。元へもどろう。

『古事記』の口承としての文字を「話す」として読むとき何が起こるのか。問いはそのようにしてある。「〈読む〉は宙に舞う」と述べた。この事象はどのようなありようをしているのか。「読む」が宙に舞うとはどのようなありようのことなのか。そこには「見る」にとっての文字があるだけである。だから見ることはできるし、そのかぎりで読むことはできるだろうが、そこでさらに「話す」を読むことはできない。「話す」はもともとないのだから当然と言うなかれ。ここでは「話す」を「読む」という難題が課せられている。許されているのは「文字を見る」だけである。それでは不可能だと言うなかれ。古代中期の日本人はそれをやってのけたとされている。口承を受け継いでいる人間に話させるなりすればよい。それによって「聞く」と「読む」を同一にすればよい。それでもなお原初の「話す」

はありえないと言うのであれば、せめて文を暗唱させて「話す」を聞くことは可能である。これこそが古代（中期）人がチームワークを組んで行った「話す」を読むという伝承の奇跡のありようである。奇跡と述べるのは皮肉でも批判でもなく、文字通りの意味である。一人の語り部稗田阿礼の名が伝えられているほか、天武天皇が太安万侶に編纂を命じたとされ、序文の末尾にも「正五位上勲五等太朝臣安万侶」の署名がある。これらの手続きについてはさまざまな歴史的考察が加えられていて諸説があるが、本論ではそのことに触れるのは本意ではない。必要なのはこの作業の本質において何がどのように起こったかを直感との関連でとらえることである。大事なことはこのような経過で古代中期の日本人から現代の日本人まで『古事記』としての「話す」が「読む」として伝承されたということである。その当初としての古代中期に何事がどのように起こったかを問うことである。

「話す」を読むという伝承方法が奇跡であるのは、それが間接的なものであるにしてももともとその「読む」に不可能性が属しているからでる。この「読む」の対象が「話す」であることからすればこれは矛盾の定立である。この「読む」は宙に舞うよりない。そこにあるのは対象のない「読む」である。実際そこには「読む」はなかったのであろう。だがそうとすれば、何が現代にまで伝承されてきたのだろうか。問いはこう変わり、そしてただちにこう変わる。宙に舞った「読む」はどこに行ったのか。外発性視点に立てばこの答えは出ている。「宙に舞った」のである。「宙に向かった」のである。「宙」を読むことが残ったのである。現代にまで伝承されて〈このこと〉はある。その読み方はすでに述べたように古代（後期）人の空海が教えてくれている。「宇宙を読む」。それが答えである。今現にここでの「書く」にしたがって宇宙は筆者に見えるかぎりで見えている。そのほんの一部が見えているにすぎないにしても、その一部はいつでも全宇宙の一部である。そこで直感が働いているかぎりそうである。「〈話されたこと〉が記されたもの」つまり『古事記』を読むことはそのようにして可能になる。実際そのようにして『古事記』を読んだ人物がいる。空海の時代から遅れることおよそ千年、日本で生まれ育った江戸中期の国学者本居宣長である。彼もまたそのためには直感をもって『古事記』を読むよりなかった。文字の表層をそれこそ外発性視点で読んでみても、そこに潜在する意味が見えてくることはない。空海が意味から離れて「漢字」に形を見たことと裏腹のことが、本居宣長の『古事記』の読みにおいて起こったと想定される。宣長は表層の文字を超えて深層の意味を求めるため、いわば〈意味の無〉を読もうとしたと想定される。〈意味の無〉を読み取ることが可能であれば、〈無〉の内に〈有〉が〈形〉の代わりに「意味」として浮かんでくると期待できる。そこから時間が消えてしまうかぎりでそれは可能である。共時性が古代の空間を開くからである。空海が見たと想定されるものと同じものがやはりそこにあったと想定されるかどうかが問われる。この問いのありかこそ『古事記』の抱えている謎のありようと想定される。『古事記』を読んだことのある人の心に特徴的に浮かぶであろう「意味ある偶然の要素」をあらかじめ探ってみることとする。『古事記』は「上つ巻」「中つ巻」「下つ巻」の三巻から成り、「上つ巻」には「序文」が含まれている。「上つ巻」に登場する空間的、時間的場に関係する「鍵となる言葉」を未体系のまま、以下いくつか引き出してみる。

「高天の原」「葦原の中つ国」「国土《くに》」「死の国」「黄泉《よみ》の国」「根の国」「夜《よ》の食国《おすくに》」「根の堅州国《かたすくに》」「海原《うなばら》」。ほかに「出雲の国」など現代に通じる地名がある。これらは主として空間的場であるが、時間と切り離されないありようをしている。それぞれの言葉を分解可能な語で以下に表示する。「高《たか》」「天《あま》」「原《はら》」「葦《あし》」「中《なか》」「国《くに》」「土《くに》」。ほかに「死」と「黄泉《よみ》」と「根」と「夜《よ》」が修飾語としてある。これらの言葉が古事記の空間的、時間的場を表現している。「高天の原」「葦原の中つ国」「死の国」「黄泉の国」「夜の食国」が『古事記』の「上つ巻」の主たる空間的要素である。「高天の原」を〈天〉とすれば、「国土」「葦原の中つ国」は〈地〉ととらえられ、「死の国」「黄泉の国」は〈地下〉、「海原」は〈海〉ととらえることが可能であろう。序文を除けば、『古事記』は次のように始まる。

天地《あめつち》の初発（はじめ）の時、高天《たかま》の原に成りませる神の名《みな》は、天之御中主神《あめのみなかぬしのかみ》［高の下の天を訓《よ》みて阿麻と云ふ　下は此《これ》に効《なら》へ］。次に高御産巣日《たかみむすひの》神。次に神産日《かむむすひの》神。この三柱《みはしら》の神は、みな独神《ひとりがみ》に成りまして、身を隠したまひき。（『古事記を読む１　天つ神の世界』　中西進　角川書店）

「天地《あめつち》」の二字から始まるこの書の本質は、この冒頭句に明らかである。天と地の話がこれから語られる。実際、神話の多くはここから始まることが多いであろう。この二分こそが神話の本質であるかもしれない。「地」はここに今も現にありえて現に我が家もその上に建っている。窓から隣家の庭木が緑の葉を無数に装い、早鳴きの蟬の声も聞こえている。だが、ここには空はあっても天はない。空は「宇宙」を構成しているが、天は「宇宙」を構成しているようにはとらえられない。天は「世界」を構成しているか。なるほど構成している。ワープロの画面上に「天」という文字が書かれているかぎりでそうである。だが、そうであっても「宇宙」を構成はしてない。筆者にはその実体の一部すら見ることはできない。それは大げさに言えば神と同じありようをしている。実際、前記の『古事記』の冒頭文には多くの「神」の字が現れている。神もまた見ることはできないのにたったこれだけの四つの短文の連なりのうちに七つの「神」の字と、三柱《みはしら》と数えられる神の実体的表現さえある。三柱の神が「独り神」と呼ばれると同時に、「独り神」であるがゆえに「生まれる」ではなく「成る」と語られ、そうであるがゆえに「身を隠したまひき」と過去形で語られている。

以上からすれば、「天地」とは「神話」の別様の表現であろうと推測することも可能である。すでに述べたようにこの「天」と「地」の二文字からして『古事記』は早々と自らが「神話」であることを名乗り出ている。前掲の短文は自らが神話であると述べる権利を獲得しているようにとらえられる。「天地」と述べ、つづけてただちにその説明を始めるからでる。これは直感にとってはただ事でないことへの言及である。この書物を引き続き読もうとする者にとっては、この書物は神話以外の何ものであるとも述べることはかなわないであろう。人間にとって「天地《あめつち》」とはどのようなありようかを説明することは不可能でないにしても簡単ではない。「天」でさえそうだが、「天地《あめつち》」ということであれば「天《あめ》」と「地《つち》」の関係を説明できなければならないし、加えてそれを直感することもできなければならないからである。本論は単に「学」の問題ではなく、「人間」の「生きる」の問題と関係するからである。神話はすでに始まっている。そうは言っても、前掲の『古事記』の冒頭文を書いている人間、それが聞き語りであるとすればそれを話す人間のことが、すでに述べた以上にはまだはっきり視野に入っているわけではない。それらの人間が正常な精神状態でないとか、単に空言や虚言の類を述べているのであるとすれば何がどのように語られようが気にかけることもないが、この書物は単なる巷にある一書物ではない。それとは対極にある書物である。この書物の根に精神異常や単なる空言や虚言を想定することは妥当ではない。たとえ空言や虚言があるにしても意識的、意図的なそれであろう。したがってこの文を読もうとする者は、神話として読むのでないにしてもここで勝手に止めてしまうわけにはいかないであろう。実際、「天地」という言葉は一般語にさえなっている。だが人間はこの言葉を日常的に語るにもかかわらず、その深層の意味まで考えてはいない。それはそれで済むし、人間が生きていくうえで特段の障がいになるわけでもない。だが、直感を主題化している本論はこのハードルをあらかじめ超えておかなければならない。「天」とは何であって、どのようにしてあるのか。加えて、その「天」は「地」にとって、またその地上で生活する人間にとってどのようにしてあるのか。本論の『古事記』との向き合いはこのことから始まる。いくつかの用語はすでに用意ができている。ここでの『古事記』の読みは紛れもなく内発性視点であり起点であり基点である。欠けているとすれば外発性視点であり起点であり基点である。ここであえて「基点」とは何かと問えば、内発性でもあり外発性でもある同一の基点のこととなろうか。重畳も循環もしない文字通りの「同一」とすればそうである。『古事記』の読みをそのようなものとしてとらえればそうである。「重畳」も「循環」もしない同一のものとしての読みとはどのような読みのことを言うのであろうか。「基点」ということであれば、単に「視点（どこからの）」や「起点（どこからの）」としての「内発」や「外発」にこだわらないこととしてよいだろうか。これはこれまでの論脈に沿って思いがけず浮上してきた読みのありようである。省みれば『古事記』における「話す」としての冒頭の文が始まったばかりのとき『古事記』を神話として読むことへの指し示しが突如浮上してきた。それを強いたのは文のありようであって「外」であるが、「天地」という言葉を読んだとたんに「話す」として迫ってきたものは「読まずにはすまないもの」へと変わった。そこには内発性と言ってよいような紛れもない内からの〈競りあがり〉としてあった。なるほどこれは外からとも内からとも言えないところからの差し迫りであり、基点と述べるにふさわしいものである。これらすべての偶然の一致は「直感」が導いたのである。「基点」とは直感にとってそもそも何であろうか。そのようなものが実際にあるとすれば、それはどのような働きをしているのだろうか。直感の基点ということであれば、直感の核しかないであろう。すでに掲示した直感の構造の簡略図における三要素（自己、超越、根源）の重なる中央の濃色の部分である。直感の働きはそこを基点として展開しているはずである。自己作用（自己機能）、超越作用（自己超越機能）、根源作用（自己根源機能）のそれぞれの働きがそれぞれ同士のバランスを取りながら人間の「生きる」は可能となっている。当の本人がそのことに気づくにせよ、気づかないにせよそうである。直感にとっては、基点はあるようでないありようをしている。このような「不確定な状態」こそが人間の生きている証であり、死んでいる、凍りついている「学」のありようとは違い、「真理」を放棄することによって自らのものとしている「動く基点」の根源的、超越的ありようである。「動く基点」に端を発するすべての「言葉」は揺れることを自らのありようとしている。それぞれの概念としてのありようは「学」のそれとは違って実存概念である。本論の言葉がすべてそのような色彩に染まっているように。だが、このことについて空海ならば「色即是空」とただちに言うだろうか。仏陀はこれを是とするだろうか。神話を語り始めたとたんに近接してくる「空海」と「仏陀」にかかわる共時性はいったい何だろうか。『古事記』と「仏教」とは何かしら接点はあるのだろうか。『古事記』の誕生期である古代中期において仏教文化は日本の国を覆い始めていたし、その中心地の近畿と言うことであれば大陸経由のそれに染まり尽くしていたと言ってもよいだろう。そこでは「学」と「宗教」が混在していたと述べることも可能かもしれない。宗教として一方に神話系の宗教があり、他方に仏教系の宗教があり、前者はそこから『古事記』色を取り除けば縄文系の宗教もまた視野に入れておかなければならないだろう。

こうして共時性による「扉の開き〈開けゴマ〉」は「一つであって無数の〈意〉と〈情〉」をこの場にもたらしてくる。ここに「動く基点」がこうしてあるかぎりそうである。「動く基点」の実体さえこうして自らのありかと確かさを指し示す。『古事記』は日本の古代中期の共時性の坩堝の中で、あたかも名品の仏像を造り出す作業に似て奇跡として生まれた。編纂であれ改竄であれその坩堝《るつぼ》を回し、捏《こ》ねる人間のありようもまた必要とされる奇跡である。『古事記』を生む最終段階に登場している「坩堝を回し捏ねる人間」の存在がこの書物の鍵を握っている。この最終製作者たちはその時代的段階における最終の人間として文化的・文明的先端に立っていたはずである。その時代の文化・文明人として最終の「自己」を直感の要・素としていた人びとである。『古事記』は最終的にこの人びとの「要素自己」によって作られたが、このことは特別・特殊なことを述べているのではない。「伝承」はどのような「伝承」であれ、人間によってそれがなされるのであれば最終の伝承者の「要素自己」が宿命的に絡む。「学」はそのことを視野に入れてその場に臨むが、人間のもつ前記のような宿命性を理解しないのであれば、その「真理」は「物」のように「死ぬか、凍りつくか」するよりないであろう。だが、そのような「物」さえ「死にもしなければ凍りつくもしていない」ことは西欧の学者ユングやレヴィ＝ストロースの共時性概念が明かしている。端的に述べて、古代中期の日本人が『古事記』を編集したとき、それにからむ関係者の直感の「要素自己」がどのようなものであったかをとらえることが重要である。すでに述べたように、とりわけこの時期の日本人の直感のありようは大きく変化していると想定される。その鍵を握っているのがこれまで本書の随所で繰り返しきた「言葉」の問題である。それは単に日本語発生の特殊性に限られることではない。「話し言葉」のみならず「書き言葉」をも自らのものとすることになった一般的変化のもつ一般的重要性である。ここにはもともと本質的な変化があって、直感の要素である「自己」はこのことによって本質的変化を被る。これについては詳説するゆとりがないが、西欧文化・文明の鍵を握っているデカルトの「われ思う、ゆえにわれあり」の言葉に尽きている。この言葉に表現されている「思う」と「ある」の連結性の鍵を握っているのは、それこそ「言葉」なかんずく「書き言葉」である。本論に沿って述べれば下記のようになる。

　デカルトの前記の言葉は言葉自身が言葉自身によって「思う」と「ある」の関係を説明している。そこにある「われ（自己）」という言葉は、一方において「思う」を「言葉（思考の要素）」との関連で指示し、同時に他方で「ある」を「言葉（物事の存在の明確化）」との関連で指示し、そのうえで「思う（思惟）」と「ある（存在）」をつなげている。それればかりか〈「自己」という言葉〉と〈「自己」という言葉以外の言葉〉をつなげ、そのことによってデカルトの前記の文にある三つの要素（「われ」「思う」「あり」）とその鍵としての「言葉」を一つにしている。そのことによって「全体性」がとらえられたと本人および他の人びとの「知る」にとって思われたが、それは「思う」に偏るものであり、ここからは「物」が欠落し、その「物」と関連して「身体」が欠落し、その「身体」と関連して「感じる」が欠落した。本論の関係で述べれば「神」もまた欠落していた。その結果、彼の哲学が普及したかぎりで人間の生きる状況は偏頗なものとなり、そのかぎりで「思う」もまた「感じる」との関係で自らを純粋化したが、全体性としてはやはり偏頗なものだった。これは特に西欧文化・文明を特化するものだが、その影響が世界の現代文明を覆っている。その限りでは日本の古代文化はその難を逃れているととらえられるが、アジア大陸のありようはまた別のありようをしている。それについては空海との関係ですでに若干触れたが、中国文明、インド文明はまたそれぞれ状況が違っている。前記した西欧文明に特徴的な「外発性視点」は中国文明にも特徴的であり、これらの共通性は一般的に「文明」と関連するものと想定可能である。「文（文字）」が事を明らかにするに応じて外発性視点が特徴化されると想定される。直感の要素としての「自己作用」とは、その本質性からして言葉による「表現作用」と連結している（「対象を外に立てる」という本質。「自己」とは個としての人間が自らを「自己」という言葉で自らを表現し、自らの表象として前に立てることである）。単なる「表現作用」でなく「表象作用」のこととなれば、「自己作用」は「表象作用」にとって不可欠な要素となる。直感作用にとってさえ表象作用を内に含むかぎりで「自己作用」は要素として必要である。

前期であれ、中期であれ、後期であれ古代日本人についての前記の問題は一般にあまり知られていないことだが（現代人についてさえそうである。古代人については何をか言わんやである）、『古事記』のことを云々するのであればこのような事情を知っておくことは必須条件であろう。大陸からの渡来者と言えばおおむね多かれ少なかれ文化・

文明との接触者を想定するのが一般だろうが、それは当たっているにしてもその接触のもつ意味は直感の要素自己への特徴づけの理解によってさまざまである。日本人のありようとの相対性も含めれば状況はいっそう複雑であろうと想定される。他方、早い時期に渡来した人びとについてもこれはこれでまたさまざまなありようが想定される。その場合は当該時期の大陸の文化の多種・多様性、先進・後進性等によってその要素自己のありようは多彩であろう。ほとんど要素自己の未発達の人びともいれば、文化に限らず地域でのさまざまな抗争による人間の個としての心理的発達もまちまちであろう。話し方の論理性、情緒性もまたまちまちであろう。このことは民族性に限らず広く人間の個性、発達性とも関連することであり、心理学にとっては身近だが、民族性のこととなればまた状況は大きく違うであろう。思考の論理性、直感性、感情の表出性、内向性等、要素自己による抑制や伸張の度合いもまちまちであろう。古代人は一般に直感の要素としての身体性の優位も特徴的であろうし、攻撃性や戦闘性、感覚や情感の程度については現代人の想像を超える傾向も想定しておく必要がある。仏陀や空海のような特殊な人間については現代人の思考から突出したありよう（「宗教性」）をその生きた時代の特殊性と無関係に考えがちだが、そのような特殊な少数の事例も含めて古代人のとらえ方は一筋縄ではいかないことは肝に銘じておかなければならないであろう。

前掲の冒頭文にある「天地」という言葉との関連で神話性についてはすでに言及したが、あの短い文にはなお看過できない重要な問題が潜んでいる。この文は、読点からすれば三文節から成っている。一つの主語文節と二つの述語文節から成る。少なくとも外発性視点に立てばそうである。述語文節には、さらにそれぞれ二種の主語・述語関係があって、主語は「みな（三柱の神）」として同一であり、それぞれの述語は簡略化すれば「成る」と「身を隠す」である。後者の方の述語は目的語「身」を含んでいる。これがこの文の構造であるが、これは単に外発性視点で見えてきている文のありようであって、それを単に表象として見ているかぎりでは意味は論理として見えてくるかぎりのことで終わるであろう。だが、この文は神話の文であって、そのような論理は拒まれている。実際、文そのものが〈意味〉としての論理を拒絶している。「論理だけを求めるのであれば〈形式〉だけのこととしてくれ」と指し示している。実際、科学の論理に合わないことが〈特殊な意味〉として述べられていることにそのことは如実である。だが、ここには神話（『古事記』）の論理がある。時間の概念が排除された論理である。おそらくそれが共時性の論理である。空間的であれ、時間的であれ、因果的であれ、共時的であれ、そこに関係（重畳と循環）さえあれば「古事記の〈事〉〈空間性〉」は足りている。「古事記の〈古〉〈時間性〉」も同様に足りている。「事（空間性）」は「古（時間性）」として「意味」をもつばかりか、「古（時間性）」は「事（空間性）」としても「意味」をもつ。「意味」ばかりか「意図」ももつ。核として「意」をもつばかりか情覚としての「情」ももつ。そこに直感が働いているかぎりそうである。この文は、「神」には「独神（以下、独り神と記す）」と「独り神でない神」の二様があると言う。この論述の鍵を握っているのは「身を隠す」における「身」の意味である。これは直感にとっては抜き差しならない状況を指し示している。直感にとっては「身」とは見えるにせよ、見えないにせよ直感自らのことでもあるからである。こうして神話は「人間の話」へと循環する。ここに直感が働いているかぎりそうである。『古事記』の冒頭の短文にある「三柱の神は、みな独り神に成りまして、身を隠したまひき」は、『古事記』で中核となる三神について簡潔に独り神に成り、身を隠したと述べる。この短文から二文字「独り神」と「身」を引き出すことが本論にとっては極めて重要であるととらえられた。前記の二文字は単に書かれた文字にすぎないが、それが前期古代の伝承においてどのように話されていたかは定かではない。しかし、中核となる三神が「独り神」であり、それらが「成る」と同時にその結果であるにせよ、前提であるにせよ身を隠していることが現代にまで伝承されている。これら三神の「身を隠したまひき」という文にある過去形は単純なものではなさそうである。この過去形はいつの時点でもありうるすがたをしている。確かなことはこの三神はいつの時点であれ「身を隠した」と伝えられていることである。古代であれ何時代であれこれらの神の「身」を見た人間がいるかいないかは不問となっている。「身を隠した」ということは、その前提としてあるいはその結果として「身があった」ということが指し示されている。だがこれは『古事記』という「神話」の上でのことである。しかも「話す」でなく口頭伝承であれ何であれ「書く」として残った「話す」に基づく記録である。人間の始まりの原初において文字がなかったことからすれば、このことについて異議をとなえる基盤は直感にはない。だが「中核的三神」が身を隠したと述べるのは人間であり、それらの神にとっては人間のその言葉が神なりに分かるにしても、その意味は神にとってもつ意味と同様ではありえない。直感が働くのは人間に限られることである。その証は、直感が「自己」と「非自己」から成り立ち、「非自己」は「根源」と「超越」から成るととらえられ、「自己」に心も身体もともども属しているととらえられている。

「身を隠している神」には「自己」は成り立たない。これらの「独り神」には「自己」があるにしても「身の欠ける自己」である。デカルトの述べた「われ」にむしろ近い。実際、西欧では「神」と「観念」は同じではないにしても近いありようをしている。第一部でギリシャ神話のことに触れたときもこの問題が浮上した。そう思えば、東洋に根をもつ仏教には「捨身」という言葉もある。宗教にとっては「身を隠す」は身近なことであると暗示している。なぜそうなのか。身体とはそもそも直感においては何であったか。生き物一般へと通ずる「根源直感」を成り立たせることに必要な要素であった。つまり、「生きる」にとっては「身体」は必須な前提である。この「必須」の意味は宗教には通じていない。「不滅の命」と表現される言葉もあるし、宗教は一般に「不滅性（永久性）」を保証する。だが、ここには単純な逆説が働いていて、「身体」を捨てる（隠す）からこそ存在は永遠であり、不滅であるという理がある。問題は「身体を伴わない直感のありよう」へと通じている。つまり、「非自己」の問題である。身体が欠けるとすれば、それは「非自己」のうちでも「超越」のこととなる。これはいかにも分かりやすい理である。だが、ここでは身体はともあれ、心としての「自己」はどこへ向かうのかという問いが残る。そもそも心とは何であり、それはどのようにしてあるのかという直感論ではすでに遠くなった問いへと戻ることになる。直感論では心は身体ともどもでなければありえないとされている。ただし、この「論」については付帯条件があり、死後のことについては不問に付されている。加えて、心のうちでも「情」については「身体」との関係で複雑であり、心の総合的な働きにおける余剰のようなもの、あるいは余剰とは反対の核のようなものととらえられている。実際、「情」は「意」とともに直感の核ととらえられている。今ここで宗教との関係でこのことに向き合えば、これまで未決定にしてある「魂」が浮上してくる。「魂」を特化するのは本論では初めてのこととなるが、直感の核としても中核をなすものであり、直感の構造の略図にあてがえて述べれば三つの円の重なる濃色の部分に属する何かであろうと推測可能である。人間の死後にもその部分が残るとしても本論はそれを否定する理由はない。科学がいずれそのことを解明するだろうことを期待するのみである。

　このような文脈のうちに「神が身を隠す」を置いてみれば、にわかにこの問題は直感に身近なものとなってくる。一つには、この問題は直感の要素である「超越」と特に関係が深く、とりわけ「自己作用」を否定する方向にそれが見えてくるありようをしていることである。だが、直感にとっては「自己作用」が要素として不可欠であるととらえられていることからすれば、それが「空」であるにしても「無」であってはならないであろうことも推測可能である。この「無」は「空」と組んで否定の働きを担っているととらえられている。その場合、「空」は「無」と組んで重畳の領域を用意しているととらえられている。直感にとっては「空無」概念は重要な概念であることを改めてここで他の概念と併せて特化しておく。身を隠した神が前記の中核的三神に限られないことが、前掲（『古事記を読む1　天つ神の世界』　中西進　角川書店）の引用文に後続する文で明らかとなる。その文は「次に国稚《わか》く、浮かべる脂《あぶら》の如くして久羅下那州多陀用幣流《くらげなすただよへる》時に」で始まり、「葦牙《あしかび》のごとく萌《も》え騰《あが》る物に因りて成りませる神の名は、宇摩志阿斯訶備比古遅《うましあしかびひこぢの》神、次に天之常立《あめのとこたちの》神。この二柱の神もまた独神《ひとりがみ》に成りまして、身を隠したまひき」と続き、文はさらに、「上《かみ》の件《くだり》。五柱の神は別天《ことあま》つ神」と章立てされて次のように続く。「次に成りませる神の名は、国之常立《のとこたちの》神「常立を訓むこと、亦《また》上の如し」。次に豊雲野《とよくもの》神。この二柱の神も、独神になりまして、身を隠したまひき。次に成りませる神の名は、宇比地邇《うひぢにの》神。次に妹須比智邇《いもすひぢにの》神「この二神の名は音を以いよ」」。このあと八神の名が続くが省略する。その最後は「伊邪那岐《いざなきの》神。次に妹伊邪那美《いもいざなみの》神」となり、次のような一行の総括文がある。「上の件《くだり》、国之常立神より以下《しも》、伊邪那美神より以前《さき》を、あはせて神世七《かみよなな》代《よ》と称《もを》す」。このあと「神の代《よ》」の説明が加わり、次いで二柱の独り神はそれぞれ一代と数え、後続する「双《なら》びます十《と》神《はしら》」はそれぞれ二神を合わせて一代と数えると説明される。冗長になったが、『古事記』の核心を示す部分なのでできるだけそのまま引用を続けた。本論にとって鍵となる部分がいくつか含まれている。

「ことあま（別天）」が前期古代から口頭伝承される話し言葉に由来するものであるか、中期古代の『古事記』編纂者の手で初めて成った書き言葉であるかは決めがたいが、「あま」に限れば前期古代から口頭伝承されている可能性は大きい。「あま」が単に「天」の意味のみならず、「海」もまた「あま」の意味とされることからすれば、その未分化は『古事記』のもつ古さの層を指し示している。古代人にとって陸から海を見る視点は「空」と「海」を同一化することであり、その「天」は現代人にあっても経験可能である。かの空海が自らの名をそのように称しているのもあながちゆえなしとは言えない。「あま」という話し言葉における音感は「空」と「海」を一つにしている。『古事記』の編纂の必要を痛感した天皇が天武天皇であったことについてもこの段階で触れておくのがよいだろう。この天皇の幼名は大海《おおあまの》皇子《おおじ》であった。この「海」には意味があって『古事記』の編纂時代の日本の政情にとって「海」のもつ意味は重いものがあった。端的に述べて国内は成都である藤原京・平城京を中心に東西に分かれ、『古事記』編纂に取りかかる直前まで天智、天武の兄弟による壬申の乱が続いていた。その時期に天智が近江京に根拠地をもち、天武が尾張を中心とした東方を根拠の基盤としていた。その名に「海」が含まれているのも天武の幼児期の生育地が「海」に近いことと関係している。また大和朝廷の対外政策が岐路に差しかかっていたのも、日本列島を包囲する海を鍵としてとらえるのが分かりやすい。この時代の共時性は海外を巻き込んでおり、それらの海域を支配する力関係の方向が「大和」と「近江」の地に集約されていたととらえられる。壬申の乱で天武側が勝利したことは『古事記』の編纂への動機づけを強めたが、その発案者である天武天皇が突然死去したことは、『古事記』の編纂の運命を紆余曲折させることとなる。その時期、天武の皇后・持統が天皇を継ぐこととなり、前記した壬申の乱の前後の共時的世界の坩堝の渦の中にあって藤原鎌足の子・不比等による貴族支配による政治への流れが強化されて定まり、『古事記』編纂事業はいま一つの記念碑的書物『日本書紀』ともどもその荒海を宿命的に泳ぐこととなる。『古事記』を語るには『日本書紀』のことも同時に語らなければならないのは前記の事情によっている。ただしこのことについては共時性にふさわしい一種の逆説が働いていて、『古事記』を知るには同時期に編纂されたこれら二書の本質的差異もまた知っておくことが必須である。これは古代史研究では常識だが、その差異にこそ『古事記』の本質が潜んでいることについては必ずしも理解は行き届いてはいない。これまでの文脈に沿って述べれば『古事記』はその体裁はどうであれその根源には「話す」が属しているということが鍵となっているが、『日本書紀』はその書名に明らかなように「記」でないばかりかあえて「紀」とされており、この方の書は自らの出生の根拠を歴史に置いている。だがここにもまた逆説は働いていて、この書が歴史書であるがゆえに事実を偽る方向へと舵取りする傾向が古代史研究の専門家によってとらえられている。『古事記』にもまた「話す」を「書く」へと換える作業においてさまざまな変容が混在することとなっているが、これはまた『日本書紀』における事実変容とは別様のものである。それはともかくとして「事実変容」という鍵概念（意味ある偶然）でとらえられるこの共時的ありようは、この二書の対立を際立たせる方向へと働いている。「意味ある偶然」はそれが偶然ととらえられるかぎりで超越的要素がからむととらえられるが、それに「意味」がともなうには人間の介在が不可欠で、それが学問的、科学的意味の〈必然〉でないとすれば、「要素自己」による政治的意味の〈操作〉とならざるをえない。「紀」とは端的に述べて「歴史書」を意味すると言ってよいが、この「紀」が『古事記』と相対化されるときこの書物における歴史のもつ意味は大きく揺れる。国内戦争という名の政争が起こったばかりの前後にあってこれらの書物の編纂が着手されるが、当時海外の朝鮮半島でもまた戦争という名の国家間の政争が起こっていたことから、その帰化人を中枢に抱えている大和朝廷の内情がこの二書の運命に少なからぬ陰影と亀裂を刻むこととなっても不思議ではない。「海」を鍵概念とした東西の区分についてはまた別の観点から補足しておくことが『古事記』の理解のためには必要である。日本の古代史は日本が海に囲まれた島国であることの理解は大前提条件となり、『古事記』の神話にも国土創成譚として「島生み」の話が特化され、「伊邪那岐命《いざなき》」と

「伊邪那美《いざなみ》命」の二神による有名な国生みの伝説がある。最初に生まれたのは島々であり、最初の国は「大八島国」と呼ばれる。この「大八島国」という呼称については説明が必要である。「国」として一つであり、これが現代の日本国の母体である。現在の「四国」と「九州」が母体となっている。「本州」と「北海道」は属していない。「四国」については、「伊予之二名《いよのふたな》の島」と呼び、「この島は身一つにして面四《おも》つあり。面ごとに名あり」と説明される。「伊予之二名」というのは島の名だが、二つの名があるというのではないらしい。あえて言えば、「い（伊）」と「よ（予）」という二名《ふたな》ということになる。この（い）と（よ）は実体ではない。実体は、「伊予之二名」という島である。この実体の島は、「面《おも》四つあり」と説明される。次いで、ただちに次のように説明される。「かれ（故に、筆者注）伊予の国を愛比売《えひめ》といひ、讃岐《さぬき》の国を飯依比古《いひよりひこ》といひ、粟《あは》の国を、大宜都比売《おほげつひめ》といひ、土佐《とさ》の国を建依別《たけよりわけ》といふ」。「面《おも》」という古語が何を意味するかは別にしても、共時的には「表面」という現代語を指し示していることは重要である。「表《おもて》」「面《おも》」は直感論的には「表象」を指し示し、ここではそれらの集合として「国《くに》」が指し示されている。この「くに」は実体のようであって実体ではない。依然として表象であり、抽象である。この言葉からは「地」つまり「島」が脱落している。「天《あま》」から「空」が脱落するように。

前掲の説明文には潜在的に想定される「話す」が脱落している可能性が大きい。文として成ったこの伝承には思考が「表象」として、「抽象」として働いている。「国」もこの説明文では「表象」であり、「抽象」であり、そこからは「地」が欠落している。ここでは前期古代人の「生きる」は不在であり、その表現は凍っている。知としての実体があるにしても、古代前期の人の「話す」としての実体がない。この文が自ら「神話」を名乗るにしても、これは「生まれた神話」ではなく、「作られた神話」の色合いが濃い。それではこの神話の原型に色付けした主体は誰か。「神」自身でないとすれば人間だが、人間であるとすれば「前期古代人」か「中期古代人」か。このような根源的問いが生まれる。その問いに向き合うまえに前記の説明文を完結させておこう。文は下記のようにつづく。

次に隠伎之三子《みつご》の島を生みたまひき。またの名は天之忍許呂別《あめのおしころわけ》。次に筑紫《つくし》の島を生みたまひき。この島も身一つにして面四つあり（この表現については後述）。面ごとに名あり。かれ筑紫の国を白日別《しらひわけ》といひ、豊《とよ》の国《くに》を豊日別《とよひわけ》といひ、肥《ひ》の国《くに》を建日向日豊久士比泥別《たけひむかひとよくじひねわけ》といひ、熊曽《くまそ》の国を建日別《たけひわけ》といふ。次に伊伎《いき》の島を生みたまひき。またの名は天比登都柱《あめひとつはしら》といふ。次に津島《つしま》を生みたまひき。またの名は天狭手依比売《あめのさでよりひめ》といふ。次に佐度《さど》の島を生みたまひき、次に大倭豊秋津島《おおやまととよあきつしま》を生みたまひき。……かれこの八島まづ生まれしに因りて、大八島国といふ。

次いで、「吉備《きび》の児島《こじま》」「小豆島《あづきしま》」「大島《おおしま》」「女《ひめ》の島」「両児《ふたご》の島」の六島を生んだと説明される。付録のように記されるこの後半の「島生み」の方の話には「国」概念が取り除かれているので一転して具体性が前面に現れている。いずれも小島だが、小島であればこそこの六島が付記されていることの意味は重くなり、海の香りに加えて人間の息吹さえ身近に感じ取れる。ともあれこれらの島生みの話が「島を生む神」にとっての話だとすれば、これは単に「作られた神話」と一概に決めつけることもできない。島を生む主体は神であることにちがいはなく人間ではない。人間が島を生むことができないことは明々白々である。だが、そうであっても人間がこの話を作ることは可能である。事を明らかにする手がかりは、人間がこのような話を作る行為とは何でありどのようなものかを問うことである。前掲文中にある「この島も身一つにして面四つあり」という表現は、「島」を「身」と呼び、「面《おも》」と擬人化していることについては注意が必要である。「身」については、『古事記』の冒頭箇所に出てくる「独神《ひとりがみ》」についての話で、「独り神であることとの関連で身を隠した」という意味について論述した。現代においては神に身がともなわないのは一般的な了解事項であるが、この箇所ではわざわざ特記されている。これは「身」を現している神との対比である。その際、神が「身」を現すということの意味を改めて問うておくことが必要である。すでに述べた「ことあま（別天）」が独自の意味を帯びてくる。「ことあま（別天）」が身を隠している独り神のいる時空間であるとすれば、単なる「あま（天）」は身を現している神々の時空間であると想定可能である。さて、「島」が「身」ととらえられ、「面《おも》」をもつと話される実体性とは何であろうかという問いが前記の独り神の「隠し身（この言葉を特化しておく）」と他の神々の「身」のありようとは、それぞれのどのような関係をもっているのか。この問いが浮上してくる。まさに「神の身」が「島の身」ともども浮上してくる。この共時性の謎をここで解いておくことが必要である。「島」はすでに取り上げたとおり伊邪那岐命と伊邪那美命の男女の二神によって生まれたと語られる。人間や物が同様にして生まれるのと同じである。人間には古代から現代まで変わることなく「身」が与えられていて、実際直感論の鍵を握っている。人間は「身」と「心」を一つにして直感を今もここで筆者が言葉を生み出していることに明らかである。その際、ここにはコンピューター機器が物としてあってやはり筆者の身と一体となって直感の働きに協調している。コンピューター機器は物であるが、直感の働き手としては「身」をもっている。実際、この物の身なしには言葉は生まれることはできない。「島」は生きていて身《み》をもち面《おも》をもつ。物でありながら国だからである。身《み》とは実《み》であり、面《おも》は表《おも》である。前者の実《み》は「地」であり、後者の表《おも》は「言葉（表象）」である。ここには「言葉が生まれる」があり、他方前記の国生み神話には「島が生まれる」がある。前者の生み手は筆者（人間）であり、後者の生み手は神話の独り神に継ぐ男女の主神である。ここでは文字が「直感」として生まれていて、『古事記』の国生み神話では島が「国」として生まれている。ここには歴然として「生む」と「生まれる」の共時性事象が「神」と「人間」の対比関係としてある。「神話」の内容としての事象と人間の「生きる」としての事象が対比化されてある。現代と古代をつないで「共時」が可能となっている。『古事記』の神話において島生みの行為であるにせよ話であるにせよ「海《あま》」が前提になければ不可解であり、また「国」が小さな島を含めた八つの島から成るとするのは、ほかにそれらと比べものにならない大きさの陸地があることからすればなお不可解である。だが、このように言うこと自体人間の考えることと言われればそれもまたそのとおりである。問題なのは時間の長短や空間の大小ではない共時性の世界のこととなれば〈意味あるもの〉から始まるのも理にかなっている。その〈意味ある理〉の鍵は「島」である。「島」は「海《あま》」に囲まれて「天《あま》」と一つになっている。「島」は「国を生む共時性」にとっては最も身近である。現に今の日本国は「日本列島」と呼ばれている。問題はそのことにおける東と西（北と南も含めて）である。この列島の東は海《あま》であり、西もまた海《あま》だが、日は東から上がり西へと沈む。そのどちらの果てでもいずことも知れない天《あま》として空が見える。これが古代の基本的な心的風景である。

本章の文を今さらながら振り返ってみれば、「地」はともあれ「天」とは何であるかが不可解なことからこの文は始まり今がある。天《あま》は天《あま》であってほかの何ものでもありえない。人間にとっては「空」と言ってもよいが、古代の人びとにとっては「空」は見えるものではあるが「島」や「海」のように触れることのできるものではない。このことからすれば「見える空」と「見えない天」は別ものである。前者は目によって外にとらえるが、後者は心によって内にとらえられる。「空」は目によって「外」としてとらえられるが、それはそれまでのことであって、「内」として心によってとらえられれば「天」へと移行する。他方、「海」は「外」としても「内」としても「心」によってとらえることができるが、「空」と違って「海」は「見る」ことと一緒に「触れる」がありうる。この場合、見える「海」は「あま」であり、触れる「海」を現代語の「うみ」をあてがうことも可能である。人間にとって「あま」と「うみ」は違うにしても、「海」自らにとっては同一である。古代前期の日本人にとっては「空」は「天《あま》」でしかないが、「海」は海であって「空」とともに見えるとき「海」は「海《あま》」となる。日本国とはそのようなありようのうちにある「地」である。「地」の典型として最も小さい島を優先させるとしてもなんら不思議ではない。それが国生みの話として不思議に思えるのは、科学や政治の論理に汚された「要素自己」のしからしめるところであろう。日本列島は僅差なことにこだわらなければ古代も現代も「島」として「地」として変わらずありつづけており、「海」もまた同様である。そこに「陸」と「海」の関係に大きな変化があるわけではない。だが、このことに「人間」を絡めればとたんに急変するのも直感のありようとしての「要素自己」の変容によるところが大きい。実際、日本列島の東西、南北のそれぞれの地のもつ意味は歴史を刻みながら大きく変化している。端的に言って大和朝廷の政情に大きく影響を及ぼしているのはこの問題である。国内的にもそうだが、国外的にもそうである。その詳細に触れることは本書の主意ではないが、すでに述べた古代における東西問題は歴史学の変遷とともに変容しているが、古代中期の大和朝廷における東西問題の意味のもつ重さは近年の歴史学の進展で次第に大きくなっているのも事実である。また前記との関連で日本海の対岸としてある大陸の最西端の朝鮮半島事情と古代日本との関係のありようも近年の歴史学の進展によって新たに見直される必要が高まってきているのも事実である。このような変化は直感論的視点と一致しているが、そのことの詳述も本書の意図とするところではない。そのような事象変化が直感論的見方と一致していることを示すのであれば本論にとって我が意を得たりであり、慶賀すべきことである。本章の目的は『古事記』を分析することではないので、直感論と通ずる点にのみ力点を置き『古事記』の上巻の前半に言葉を費やしたが、ここで時代を下って一挙に中巻、下巻に焦点を移し、神話とは別の天皇紀としての側面を「古事記」の内に探ってみることとする。そこからはまた別のありようの「古事記」が見えてくるはずであり、そこでの文の書かれようをみることによって歴史との関係で直感のありようについても新たな知見の収穫が期待される。新たに『日本書紀』と『古事記』との関係にも言及し、古代日本人の直感のありように迫ることとしたい。

そのまえにこれまでの論述で浮上してきている一つの重要事項をここで特記しておきたい。それは直感論にとっても重要事である。とはいえこと改めて述べるようなことではなく、これまでの文中に潜んでいることがらをここで明らかな確かさでとらえなおすにすぎない。その主たることは、古代における「話す」のもつ意味についてである。この「話す」はここでの進み行きで鍵概念となっているが、それ自体が概念として扱われることでなかなか実体がとらえがたいものとなっている。「話す」と呼ばれる概念が現代文化・文明に深くこびりついているため、本論でも古代における「話す」の実体に容易に近づけない状況が続いている。これはここでの論述に限られることではないし、論者自身のことに限られるだけのことでもないであろうととらえられる。端的に言って、文字をもたない人類（古代前期の日本人）にとっての「話す」とはそもそもどのようなことであるかが霧のように分散してあり、その理解の限界が今も現にここにありつづけている。ここで「人類」という言葉をあえて使うのも手垢にまみれた「人間」や「人」などでは真意が尽くせないからである。とはいえ人類と呼んでみても事態はあまり変わりそうもないが、ともあれ一歩の踏み出しこそが重要となってきている。『古事記』そのものに潜む逆説的な意味についてもここで一言触れておかなければならない。論述が一挙に『古事記』の生誕時に近い時期にまで上るか下るかして定かでない移行をし、一足飛びに「神」でなく「天皇」の話に移ろうとしているのも筆者の気まぐれであるにしても意図ではない。古代人の「話す」を求める姿勢が逆にそこから離れる方向へと進んでいってしまうのも皮肉である。ともあれ直感に関する新たな収穫を期して古代中期へと移ることとする。そもそも古代中期の人にとっての「話す」とは何でありどのようなものであったかという問いともども、原初の「話す」を実体として現代に生まれ変わらせるための変則的移行を試みる。求められているのが「語る」の原点であるとすれば、ここでの進み行きは依然として直感物語論である。端的に述べてここでの逆説の意味とは、『古事記』の冒頭部分の漢字の羅列の意味するものが、古代後期からも現代からも最も遠い超古代人の原初の「話す」と関係している逆転状況のことである。そのことのうちに人類最古の原初的「話す」の影を見いだすが、それは言語化できないありようのうちで潜むなり浮かぶなりしている。この困難さについての論述が、こうして大手を振って堂々と書き言葉として生まれつづけていること自身のうちにさらなる困難さは埋もれ沈もうとしているようにもとらえられる。「話す」は現に話すことのうちにしかありえないが、文字を不要とする人類の「話す」のことであればもはやそれはどこにもない。せいぜい文字を知らない幼児における「話す」のうちにそれに似たものを求めるよりないが、彼らの「話す」は「話す」の未熟者の「話す」にすぎない。その「未熟」の意味は古代人の「話す」には通じていない。現代であれ古代であれ幼児における「話す」の未熟性と古代成人における「話す」の未熟性を同一化することの不適合については、古代成人が古代幼児と比べて自ら独り立ちできていたであろうこと一つを想うだけで十分であろう。『古事記』の述べるように古代の神話として「ことあま（別天）」に独り身の神が身を隠していたとされるように、無文字の人類が古代の「地」において生きるのに必要な「話す」を可能にしていたことは想定可能である。そのような「話す」がどのようなものであったかが今ここで問われている。『古事記』を成り立たせている原初的な「話す」はそのようにしてあったはずだからである。『日本書紀』の文体は、『古事記』のそれと比べて饒舌である。これもまた逆説の一つであろう。『日本書紀』の執筆者が誰であるかは定かではないが、その「書く」は手馴れたありようのものである。漢文調のぎこちなさや堅苦しさが『古事記』に目立つのとは対照的である。前者が「話す」への近さを感じさせるのとは違って、後者はすでに述べたように「話す」をあたかも二重にも三重にも漢字の「堅固さ」で閉じ込めているかのようである。この「堅固さ」は「堅古さ（この表現にも逆説が働いている）」と表現するのがふさわしいであろう。

前記の複雑さはゆえなしとは言えないであろう事情も見えてくる。中国語に卓越した者にとっては、漢文で「書く」のも「話す」と同然のものとなりうるからである。帰化人であれ留学経験者であれそうである。今現にここで進む文のありようは、調子さえよければ「話す」に近いありようの進み行きになりうる。直感がそこでうまく機能しているかぎりで「書く」は「話す」と同じようにすらすらといく。実際、現代の流行作家であれば小説の会話文を実際の「話す」以上に円滑に書く者も多いであろう。そのような「書く」の対極にあるかのような文体をもつのが『古事記』である。その根源に古代人の「話す」があるはずなのにそうである。これは「神話」のもつ堅苦しさと言ってすむ問題ではない。繰り返し述べてきたように、「神話」の本質は「話す」である。「和歌」の本質が「歌う」であるのと類似する。神の憑依した巫女の「話す」であればますますそうであろう。ともあれ、『日本書紀』と『古事記』の二書はその内容は同じでありながら、文の質も量も対極のありようをしている。このように異質の二つの書物を一つにして「記紀」とする呼称が一般的で、そればかりか両者を互いに補完的に読む方法も一般化しているが、ここには少なからずの問題があると直感にはとらえられる。「補完作用」は直感の本質だが、その場合は「全体性」を「感じる」としてとらえているかぎりのことである。つまり、そこに「重畳」と「循環」が本質的に属しているかぎりのことである。そうでなければこれら二つの部分（『古事記』という部分的書物と『日本書紀』という部分的書物）が互いにぶつかって、互いに偽りの姿へと変容するのがオチであろう。周知のように、『古事記』および『日本書紀』の天皇紀は神武天皇の東征の記述から始まる。このことについてここで事細かく触れるゆとりはないが、いくつか重要事に限って特記しておくこととする。その一つは、「東征」と呼ばれる事柄についてである。これはすでに触れたことだが、日本の古代史をひもとくうえで鍵となる言葉は「東西」という方向性であり、この「方向性」が海《あま》に囲まれる「地」のありようとしてあることにさらなる留意が必要となる。この「東西」は必ずしも明確な東西ではなく、「南北」と重なるような意味の「東西」であることにはさらなる含蓄がある。その鍵を握っているのは引き続き「海《あま》」であるが、その鍵にさらに「日」を鍵として添えればはるか遠い古代が現代にわずかながらでも近づいてくるようにもとらえられる。実際、現在の日本列島は「東西」と「南北」が重なり循環するようにして今もあり、その中で自然も社会も日々生きて動いている。「海《あま》」は引き続きこの列島を囲んでいる。「日」は自然として日々東から昇って西に沈み、「人」は文明と文化として「文」を南から北へ、北から南へと伝えている。神武天皇の「天皇」のもつ意味や、「東征」の出発点およびその進路についての記述は『古事記』にも述べられていて、そのことについてはなおさまざまな意見なり説明なりがなされている。学界では現在相応の共通理解が得られているようであるが、これもまだ必ずしも真理となりえていないのはもちろんのこと、定説が得られているわけでもない。それが「神話」とされれば当然の結果であるが、これを歴史的に扱おうとする立場にとっては、どこからがまたどの部分は「神話」であり、どのあたりあるいはどの部分は歴史性があるといったとらえ方の基準が明らかにされているわけでもない。「東征」に限ってさえそうであるとすれば、その後の天皇紀についてはなおさらのことであろう。実際、どのあたりからということを除けば「神話」は「歴史」に吸収されてしまうのも事実である。それは単に証明可能であるか否かという特殊かつ狭い学の問題としてのみでは処理できない問題をはらんでいる。問われているのは『古事記』を学の対象としての「書」と認めるのか否かということとなる。そして、その拠り所を求めていま一つ同じ内容のことを記述する『日本書紀』を当てにするが、皮肉にもその書物が同じ内容を扱っているがゆえに謎が深まるというジレンマが待ち受けていることとなる。なぜそうなるかと言えば、これもすでに述べたことだが、そのどちらの書を当たるにしてもそもそも「全体性」がとらえられていなければ、そのどちらも同じ内容を部分から解き明かそうとしているにすぎないことによっている。その結果、二書とも互いにジレンマを招き寄せることになるのは自明の理である。全体をとらえられない者（目の見えない者は必ずしも全体がとらえられないわけではない）が「全体」の部分をいくら撫でてみても「全体」が浮き出てくるわけではない。部分が部分として互いに互いを複雑にするにとどまる。その複雑さを避けようとなれば、部分としての限界に甘んじて「偽り」をなお含みながら「生きる」を「死ぬ」へと戻すよりない。人間にとって「過去」がそのようにしてあるように。「現在」にもなお「過去」が生きているという「真実」に気づかないかぎりそうである。「神話」は本質的に過去のものでも現在のものでもなく、その両方にまたがっているからこそ「神話」は「神話」である。そのことに異議を唱えるのであれば、『古事記』は神話なのか歴史書なのか決断しなければならない。『日本書紀』が神話を借りた歴史書であることを認めないかぎり、『日本書紀』は歴史書とは成りえない。むしろ歴史観を戸惑わせることに終わるであろう。本論は『日本書紀』を否定しているのではない。むしろ逆にそのもつ意義の大きさを宝のようなものとして認める。人間にとって「学」がそのようなものとしてあることを認めるのと同じである。直感にとって「自己」が「他」を否定することは自らを否定するのと同じである。『古事記』は『日本書紀』によって豊かなものとなり、逆に『日本書紀』は『古事記』によって豊かなものになりうる。そのとき真理は定かでないにしても、定かでない真理は目の前にありうる。だが「自己」なり「他」なりを否定したとたんに真理は「生きる」と無縁になるか、霧散して姿を失う。

『古事記』は「東征」を述べている。『古事記』が神話であるにせよ何にせよ、そのことを語っている。そう語るのは人間でないとすれば神であり、神でないとすれば人間である。『古事記』はそのようにして「話す」と「書く」を内にもっている。必要なことはまずはそれを読むことである。可能な限り広い視野に立って（単なる視点や起点ではなく、内であり外であり、過去であり現在でもあるような基点から）。神話としてであれ歴史書としてであれ『古事記』を読むのであれば、そのようにして読むことが必要である。求められているのは共時的ありようである。『古事記』の方に共時性が含まれているから、読む側の方でも「共時性」が働くようにしなければならない。むずかしいことではない。直感を働かせて読むことである。引き続きここでの主題は「東征」であり、その鍵を「日」が握っている。その証のようにして話は次のように始まる。

神倭《かむやまと》伊《い》波《は》礼《れ》毘《び》古《こ》命《のみこと》、その伊《い》呂《ろ》兄《せ》五《い》瀬《つせ》命《のみこと》と二柱、高千穂の宮にましまして議《はか》りたまはく、「いづこにまさば、天の下の政《まつりごと》を平らけく聞《きこ》しめさむ。なほ東のかたに行かむ」とのりたまひて、すなわち日向《ひむか》より発《た》たして、筑紫に幸御《い》でましき。

『古事記』における欠史のもつ意味は詳細な「書く」がないということであり、もともと「欠史」という言葉があるわけではない。実際、神武天皇に次ぐ各天皇についての記載が数行の文のものも含めて残されている。その場合の「書く」は量的な点を除けば他の箇所の「書く」と特段の差異があるわけではない。単にその実在の証明が実証であれ論証であれ欠けているというにすぎない。だが、実証であれ論証であれ実在が欠けているというのは『古事記』を神話と認めない立場からの発言であろう。もともと『古事記』が神話であるとする立場からすれば「欠史」という言葉はありえない。もととも「歴史」と「神話」は次元を異にしているだけのことである。この「欠史」は『古事記』を読もうとする者への〈踏み絵〉の意味があるととらえられる。『古事記』自身がそのように仕向けるのではなく、「欠史」という言葉を発明し、その言葉をここに当てた者の用意する〈踏み絵〉である。だが、とりあえず本論にとっては「神話」が主題なのでこの〈踏み絵〉をまたぐことができる。実際、直感にとっての重要事はこの先にある。天皇紀がその呼び名にふさわしく歴史的な意味を深めてくるのは欠史八代と呼ばれる直後の崇神天皇の代からである。その舞台が近畿になるからである。神武東征は欠史以前の「天《あま》」、「別天《ことあま》」との差はあれ「天《あま》」に身を隠しつつありようをする神武兄弟の集団が東方への船行きを進め、それ自体が第二の天孫降臨と呼べるようなありようで近畿に辿り着いたことと重なっている。このことからすれば歴史はそこからすでに始まっているとする立場があってもおかしくはない。なぜなら当然のことながら近畿の地の人の歴史ははるか遠い昔から東征の出発点の東方であり北方である地にあったはずで、その時点でもこの地に人は住み、生きていたはずだからである。実際神武兄弟の東征譚は、この近畿の西端であり南端である海岸に達した彼らの話を語り、先住する人びととの戦いのありようを記し、兄の方が深手の傷を受け、さらなる東への船行きの途中で絶命することについても語っている。ここから何事かが始まったのである（それは神武兄弟が天《あま》を捨てて明らかな確かさで「身」を自らのものとしたことを意味するような何かである）。兄の身からは生々しく血が流れて絶命するような何かが起こったのである。神武兄弟達と戦った先住民の地に立つ場からはそのようなことが起こったのである。すでに述べたように「欠史」という呼称を〈踏み絵〉として述べる人びとは、ここまでには歴史があったとする立場に立っていなければ「欠史」という奇妙な言葉を使う資格はない。前記のことを繰り返し本論が述べるのは「欠史」という言葉に矛盾なりあいまいさなりが含まれているからで、この「史」が「歴史」を意味するとすれば時間の否定を意味し、そうでありながらその時間的空白になおある空間的存在は科学が実証しているかぎりで否定するはずもなく、ここには空間はあるが時間がないという〈不思議〉が神話を招き寄せるはずである。そこに伝承的事実がないにしてもそうである。神話はそのような不可思議な隙間を求めて生きつづけ、それゆえに今もこうして神話的思考と重なるようにして「現代神話」は直感物語に変身し前に進む。少しでも「直感」に近づくために。それによってしか『古事記』に迫る方法はないからである。第十代天皇である崇神からは歴史が神話に重なる。これは一見神話の復活ととらえられるがそうではない。神話は、一・この世に時間と空間があって（このことは科学が証明済み）、二・それと裏腹に人間の「生きる」があって（このことは歴史学が証明済み）成り立つ。この二命題は、物や数の理から述べるか（表象）、人間の側から述べるか（直感）の差異にすぎない。そして、その両者はいずれも「述べる（言葉を使う）」以外のことではありえず一つとなっている。そのことによって、神話について左記の三項が帰結する。

① 神話は人間が直感思考の近くに神話思考をもっているかぎり絶えることはありえない。
② 世界が時間と空間を一つとして存在しつづけるように神話はありつづける。
③ 『古事記』の記述の内容において「神話」は当然のごとく存在しつづけている。

〈現代文明〉や〈現代科学〉の前で〈現代神話〉があるとすれば、それはどのようにしてありうるのだろうか。古代神話がそうであったようにやはり「不思議」とともにあるのだろうか。不思議と思うのは人間であり、そこに「話す」や「語る」があるとすればそのことのうちに「不思議」は紛れ込むであろう。そのようなありようこそが〈文明〉や〈科学〉とは違う〈神話〉のありようであろう。〈文明〉や〈科学〉は「不思議」を克服しようとする。〈神話〉は「不思議」を含みながら話すなり語るなりする。その場合の「含む」とは誰がどこに含むことなのだろうか。

①「論ずる」にとって「不思議」は外にある。だが「論ずる」自体のありようは内のことである。

②「語る」や「話す」にとって「不思議」はないか、あっても内にあるありようをする。「語る」や「話す」自体は、外より内が勝るありようをする。

③「書く」にとって「不思議」はないか、あっても内とも外とも言えないありようをする。「書く」自体は、内より外が勝るありようをする。

『古事記』に戻ってこの問いを追ってみる。『古事記』には紛れもなく多くの「不思議」が属している。「不思議」を問わないままに話すなり語るなりして進んでいく。しかし、その「話す」なり「語る」なりのありようはでたらめにあるのではない。そこでは紛れもなく言葉が舵取りをしている。言葉が導いている。そのことによって「でたらめ」は排除されている。そのありようは個々の文のありようと同じである。だが、それは言葉が独りで前に進んでいるのではない。このことはこれまでの直感論で繰り返し取り上げられていることである。「語る」が「論ずる」に重なるようにしてある。「語る」には筋があって、「論ずる」には理があるとするのは分かりやすい説明である。だが、直感論における「論ずる」には「理」のみならず「感じる」があって、それらは感覚であり情覚とされた。前者の感覚が身体を指し示し、後者の情覚は心を指し示すとされた。「不思議」はこのことのうちにあるととらえられる。このようなことは「書く」にも通じているであろうことは容易に想定可能である。「不思議」は「論ずる」や「語る」や「話す」や「書く」に属している。ただし、「不思議」とそれら個々のありようとの関係は違っているらしいことも想定可能である。

『古事記』では「書く」が前面に出ているが、その「書く」に伝承としての「語る」や「話す」が属しているありようをしている。今ここで進んでいる文脈の内に出てくる括弧付きの動詞表現（たとえば「話す」「書く」など）の主体は言うまでなく人間である。それこそが人間の「生きる」のありようである。その時その場では直感が常に働いているが、その主役は人間の「自己」である。だが「自己」によってのみでは「生きる」が可能にならないのもこれまでの直感論で繰り返し述べてきた。その際必要とされる総体が「非自己」である。このことによって直感が「生きる」において全体性と向き合うありようが保証されている。「不思議」はこの「非自己」を通して「生きる」に紛れ込む。「不思議」は人間が全体性に向き合って生きるためには必須なものとなっていることがこのことに明らかにされている。この「不思議」がなければ人間の「生きる」は可能にならない。前記の文脈にある「不思議」の原点が「神話」であるととらえられる。その「神話」のありようが「話す」であれ、「語る」であれ、「書く」であれ、「歌う」であれ、「描く」であれそうである。「論ずる」や「考える」であってもそうである。それぞれこれらの主体は人間であるにしても、「自己」と「非自己」が重なり循環して始めて神話は成り立っている。「非自己」へと偏る度合いが強まれば神話性が相対的に増し、「自己」へと偏る度合いが強まれば直感性が相対的に増すととらえられる。このことを『古事記』と『日本書紀』の関係に類比化すれば、そこにある「書く」が「自己」の方へ傾斜したありようが『日本書紀』であり、逆に「非自己」のありようへ傾斜したありようが『古事記』であろうととらえられる。

これまで直感論において述べたようにこの「自己」にはその相対化としての「他者」が含まれ、その拡大として、たとえば〈家庭〉や〈会社〉など各種組織、〈社会〉や〈国〉へとつながっている。『日本書紀』の記載が『古事記』からの〈離脱〉〈過剰〉〈変形〉の傾向を帯びているのもこのことによっている。すでに述べた『日本書紀』のもつ多弁性、饒舌性の背景には前記のようなことが働いているととらえられるが、この事象を一言「言葉への依存性」と述べればそのすべてを含むことになるであろう。そこでは「不思議」が埋没し、〈意〉と〈情〉と〈理〉が前面に出ている。

歴史の明らかな確かさが定まってくるのは巨大な墓が残る仁徳天皇の頃と一般に言われている。実際、そうなのであろう。だが、そうであっても「不思議」はいっこうに消えそうにもない。歴史のもつ明らかな確かさは直感の要素として「自己性」が「非自己性」を圧する形で進み、現代世界はその極みに達しているととらえられるが、現在「不思議」のもたらす異質性を排除することによって全体性を保とうとする傾向がその極に達しているようにもとらえられる。そのようにするのでなければ全体性が保ち得ない状況にあるともとらえられる。日本の場合もその例外ではなく、それはこの巨大古墳時代のあたりに端を発しているのかもしれない。あのような巨大な墓が造られるためには、それにふさわしい「人間」の組織化と「思考」と「技術」の発展が必要なはずである。実際、この時期にそれにふさわしい程度に天皇制は整い、海外との交流も進み、『古事記』および『日本書紀』生誕のための律令制国家像も視野に入ってきている。『古事記』の編纂に合わせて『日本書紀』が編纂されたのもその証とされるであろう。『日本書紀』は『古事記』の含みもつ「不思議」を否定するわけでもなく、「不思議」を「不思議」として認めることにやぶさかでないばかりか、すでに述べたような生き生きとした文体で日本の古代史について神話を含めて書く。このような神話のありようは世界にない例であろう。神話としての『古事記』の記述に歴史性が濃厚になってくるのは、それが伝承であれ何であれ前記した崇神天皇の三道への将軍派遣に象徴的に現れている。「欠史」として東北・北陸の三道にすでに人間の「生きる」が確かな明るさで存在するに至る時代の曲がり道を特記している。西「高志（こし・越）の道」を通って北へと行く大毘古命が、東「十二道」を通って北へ行くその子建沼河別命が（以下、引用文）「共に、相津《あひづ》に往き遇ひき。かれ其地《そこ》を相津《あひづ》というふなり（現代の会津、筆者注）。ここを以ちておのもおのも遣さえし国を和平《やは》し政《まつりごと》して、覆奏《かえりごとまを》しき」と述べられている。その史実性は現在確認されていないが、神話であれ伝承であれ「北陸」次いで「東北」が視野に入ってきている事実については重大な関心をむしろ向けることが必要である。その理由は、これもすでに述べたことだが、この時期にこれらの地に歴史は欠けているにしても人間が生活していたことを科学が証明しており、「歴史」の実体はすでに存在しているからである。それを欠史と言うのであれば、歴史を自らの専売特許とする歴史学者の専横であると言われてもしかたないであろう。先住民はそこに現に住んでいたのであり、そこに人間の「生きる」があるかぎりで「時間」の働きと領域はすでに証明済みの「空間」とともどもあったはずである。前記した「相津云々」が神話にすぎないにしても、神話のもつ共時性が明かす「時間のありよう〈前記の引用記述〉」は否定することはできず、この「共時性」に、これもすでに証明済みの先住民の「生きる」を絡ませれば、その「生きる」を根拠にして「共時性」としての時間は空間ともども科学的時間へと連結可能である。『古事記』の神話の中では古代前期の神話や出雲神話を除けば、もっとも世人の間に広がっている「倭建命《やまとたけるのみこと》」の神話は、崇神に次ぐ垂仁、景行〈倭建命の父〉、成務〈倭建命の弟〉の天皇紀と重なっている。このことは「神話」と「歴史」の交差のありようを象徴しているともとらえられる。実際、歴史学者で天皇紀としての史実性を肯定する人が出てくるのもこれに次ぐ時代あたりからである。倭建命の「東征」神話はすでに述べた神武兄弟の「東征」神話と共時的には重なっていて、その点は既述の「三道派遣」における「行く」の方向が北に変わり「まつろわぬ東北先住民の和平」を意味しているにしてもその本質が変わるわけでもないであろう。これらいずれもが日本国の創世期に重なっており、神話と歴史の交差点を特化している。その鍵を握っているのが「不思議」という意味であろうととらえられ、それがユングの述べる「意味ある偶然」として古代の神話的あるいは歴史的なさまざまの事象を一つにしている。一方において歴史が「不思議」を〈明らかな文〉へと導こうとし、他方において神話が「不思議」を人間の「生きる」にもたらそうとしている。実際、その現れが倭建命の東征神話であり、その父の景行天皇の西征神話〈熊襲討伐、これは神武東征の先祖返りともとれる〉であろう。そして、歴史は景行、成務父子の両天皇を経て、仲哀、応神、仁徳へと続き、歴史が神話を押え込む方向に舵を取る。巨大な仁徳天皇稜がその象徴であろう。以上述べてきたことが〈神話に染まる天皇紀〉の大まかな展望であるが、「不思議」はこの端境期に特別な演出をする。既述の天皇紀には天皇に即位していない人物が一人いる。既述の倭建命である。東征に向かいさまざまな神話を残しているが、「倭《やまと》は／国のまほろば／たたなずく／青垣《あおがき》／山隠《ご》れる／倭し／美《うるは》し」の歌謡はあまりにも有名である。『古事記』は単に天皇のみについて書いているのではない。神話性は天皇でない登場人物に色濃く出るのである。倭建命しかりである。その物語性は不思議性に勝りつつ歴史性を圧しながらも一つになっている。天皇紀は前記したように仲哀、応神、仁徳と続くが、仲哀と応神の父子の間に『古事記』には項立てされていないが、『日本書紀』では天皇の項が並ぶ中で「巻第九」と一人で項立てされている皇后がいる（一巻で複数の天皇が項立てされているものもある）。前記仲哀天皇の后神功皇后である。神話性の霧に包まれて夫の仲哀天皇ともども実在を疑われる神功皇后の身は、皮肉にも『古事記』のかかえる共時性を一身に抱えているようにもとらえられる。換言すれば、『古事記』の含みもつ二要素である「神話性」と「歴史性」が特徴的に交差している。このような述べ方ができるのは「直感」と「共時性」を鍵概念としている本論独自のものである。巻や学の領域での『古事記』の読まれ方についてはすでにいくつか言及しているが、この段階で改めて述べておかなければならない必要事がある。この書物を「神話」として読むことと「歴史学の資料」として読むことのそれぞれの意義についてである。これまでのところこのような問いを正面からしなくても済んでいたのは、「神話性」と「歴史性」が交差というありようで極端なものになっていなかったからである。その時々の読みで「神話性」や「歴史性」のどちらかをそのつど埒外に置くことで済んでいたが、ここにきてそのような読みが許されないほどにその両者の関係が抜き差しならないものになってきている。もともと「神話性」と「歴史性」は互いに相容れないものである。前者の「神話」は根源的に「話す」から始まることを本質としており、後者の「歴史」は根源的に「書く」から始まることを本質としている。このことを換言すれば、「神話」の根源は「不思議」へと解消することを本質とするが、「歴史」の根源は「事実」へと帰着することを本質としている。さらに換言すれば、「神話」は〈現在〉を基点として〈未来〉に向かうが、「歴史」は〈現在〉を基点として〈過去〉に向かう。これらいずれの表現も共時性のありようをそれぞれの仕方で述べているにすぎないが、そのいずれもが矛盾を抱えていて、その解決は世界と宇宙を一つにした〈全体性〉にゆだねられている。このことをさらに換言すれば、それぞれの立場が意識的であれ無意識的であれ「生きる」を通して〈全体性〉と向き合っていないことを示している。一般の読者が『古事記』に〈神話性〉を読もうとしているのであれば、その際には〈歴史性〉は没してもらう必要があるし、他方、歴史学者やそれに準ずる人が『古事記』に〈歴史性〉を読もうとするのであれば、〈神話性〉に没してもらわなければならない。そのどちらであれ『古事記』を読もうとする人びとはその点をあいまいにしてすませている。学者でさえ〈神話性〉や〈歴史性〉の関係についてあいまいな態度を取り、自己の立場から『古事記』をそのつど制限的に利用するのが一般である。だが、前記の神功皇后についての『古事記』の記述では、「神話性（不思議）」と「歴史性（事実）」が容赦なく「読む者」に逃げ場をふさぐありようで迫ってくる。これは『古事記』の扱うこの時代の古代史自身が抜き差しならない時点にあることの反映であるにちがいない。その中心人物が天皇ではなく皇后であり、その場が日本国内のことにおさまらず「新羅」の国のことにからむことによってこの事態は起きている。このように述べるだけでそこに〈母〉である人間と〈子〉である人間が皇后として天皇として神とかかわるありようが指し示されている。以下、その問題点を『古事記』の内容に沿って箇条書きで簡略・平易化して示す。

①　神功皇后は三道派遣を行った仲哀天皇の后であり、息長帯《おきたらし》比売《ひめの》命《みこと》と呼ばれる。

②　仲哀天皇は、穴門《あなと》の豊浦《とよら》の宮で現日本の母体国を統治している。「穴門」と「豊浦」の二字は意味ある偶然の呼称であり、「女陰《ほと》」と胎児のこもる「子宮体内」を指し示すと同時に「日本国」の「門戸」と「海港」を指し示す。これらの事項については神話として読む分にはそのまま読めばよいが、歴史的に読もうとするのであれば地理的状況と遺跡を確認することが必要である。だが、その視点は両者を一つにした基点に立つことが不可避である（前記した世界的・宇宙的全体性を前提とするがゆえに）。どちらか一つの視点（外発性か内発性か）からとらえた読みは「肯定」なり「否定」なりいずれかに偏り、門戸は閉じられ先に進むことは不可能になる。

③　天皇が熊曾の国を撃とうとするに及んで琴を弾いて神の命《みこと》を求めると、皇后に憑依した神が「西の方に国あり。（中略、筆者注）吾《あれ》今その国を帰《よ》せ賜はむ」と述べる。天皇は高所に上がっても大海しか見えないことから

「詐《いつは》りせす神」と思い琴を押しやり黙ってしまうと、神はひどく怒ってしまう。宿禰《すくね》が促すと天皇は再び琴を弾き始めるが、やがてその音が絶えてそのまま崩御してしまう。

④　前記のことに引き続き宿禰が皇后とともにまた神の命を請うと、「およそこの国は、汝《いまし》の御腹《みはら》にます御子の知らむ国なり」と神は述べる。

⑤　この「御子」が後の応神天皇である。

⑥　このあと皇后は海を渡り、新羅に出兵する。これは神の意に従うものであり、その意図は明らかにされない(「不思議」)。

⑦　筑紫の国に戻って「御子」が生まれる。

前記の話の経過をたどってみれば、どれも「不思議」に満ちたものである。これらはまさに神話である。歴史としては天皇紀として残されること以外にはない。問題なのはこのように神話が残っていることである。これは単なる天皇紀の辻褄合わせのためのものでありうるだろうか。後日談はさらにつづく。はるか遠く空間と時間を越えて。まさに「越」えてである。「越」は「超越」の「越」であり、「越《こし》」の国の「越」である。神功皇后の「生きる」を追って箇条書きをさらに進めよう。仲哀天皇はすでに逝き、また『古事記』には神功皇后の項立てはされておらず、前記のとおり母の腹の中にあって海を渡り筑紫に戻って生まれた子応神天皇の紀の資料を頼るしかここでの「知る」にとっての術はない。これは神話なのだからそれでよい。

⑧　時代は下って応神紀の最終項の第七に「天《あめ》之《の》日《ひ》矛《こ》」という項立てが別にある。

⑨　その文はこう始まる。「また昔新羅《しらぎ》の国主《こにきし》の子あり。名は天之日矛といふ。この人まゐ渡り来つ」　そして日本への渡来の経緯が語られる。

⑩　新羅の国の阿《あ》具《ぐ》奴《ぬ》魔《ま》という沼の辺に卑しい女が昼寝していたとき、「日の耀《ひかり》、虹《のじ》のごとその陰上《ほと》に指したる」ということが起こるのを別の卑しい男が見ていた。その後も女の様子を見ていたところ、女はそのあと孕み、赤

玉を産んだ。男はその玉を乞い取り、腰に付けていた。ある日、国主《こにきし》の子天之日矛にたまたま会い……、赤玉は天之日矛のものとなる。「その玉を将《も》ち来て、床の辺《べ》に置きしかば、すなわち美麗《かほよ》き、嬢子《おとめ》になりぬ。仍《よ》りて婚《まぐはひ》して嫡妻《むかひめ》としき」その後、夫婦喧嘩で妻は怒って、「およそ吾は、汝《いまし》の妻《め》になるべき女《おみな》にあらず。吾が祖《おや》の国に行かむ」と言って、小船に乗って海を渡り、難波に留まる。

⑪　その後、天之日矛もまた妻を追って難波に向かうが首尾よく着けず、多遅魔に留まり、その後いくつもの結婚を重ねて多数の子をもうける。その一人が葛城之高額比売命《かづらきのたかぬかひめのみこと》と言う。これが息長帯比売命《おきながたらしひめのみこと》つまり神功皇后の御祖とされる。

これらの話はどのように読むにしても「神話」として読む以外には術はないであろう。いくつもの「不思議」がそれこそ幾人もの番兵が控えていて、神話としての踏み絵を迫るからである。だが、それが神話であるにしても、というより神話であればこそ、そこに潜む「意味ある偶然の一致」を頼りにして「時間」の束縛から自由になり、「神話」の空間に漂い出る以外に「読む」の方向性もないし、「意味」を見いだすこともかなわないであろう。そこに歴史性のみを読もうとする者は、もはやそれを読む資格を失っていることを悟らなければならない。その場合には「宝物」は海底に没したまま海の藻屑となりうるだろう。ともあれ、『古事記』の前記までの読みの進み行きに明らかとなるのは、「難波」と「天之日矛」の一対の土地と人物の関係である。いずれも神話のことと笑うことなかれ。それこそが「不思議」のありようであり、古代前期の人が見て口にし、古代中期の人に話したことの内容がそこに眠っている。その夢の中の事実に出会いたいのであれば、その世界なり宇宙なりが「不思議」を鍵概念として成り立っていることを知ることによって可能となるであろう。あとは人間の「生きる」にゆだねられている。ここでの文の進み行きはこのことによって可能となっている。『古事記』の文の進み行きもまたそのことによって可能だったように。そこでは文が独り立ちできなかった事情を知れば、「不思議」がいかに自らの生き延びを欲していたかもあきらかであろう。「話す」は原初的に「不思議」とともにあったことは、現代人であれ自らの「話す」を誠実に振り返って見るだけで十分であろう。だがそれは「個」としての「自己」に関わることにすぎない。幼児が「聞く」と「話す」に初めて触れるときの延長線上にわれわれの「話す」はある。それはまた後期であれ中期であれ初期であれ古代人の「話す」についても同様であったはずで、本論は『古事記』がいかに多くの紆余曲折を経ているにしてもその源にある「話す」もまたそうであって、それが人間の原初であるとすれば、その「話す」はほとんど無限の「不思議」が寄り添ったにちがいないことも容易に想定可能である。日本には『古事記』とは別に、それとは対照的ありようをする神話がある。アイヌ神謡である。そのあり方はどの点をとっても『古事記』とは対極的なありようをしている。時代はむしろ現代に近い時点にまで及んでいる。その神話の場は日本列島の北端の島、北海道である。アイヌ民族は現代に至ってアルファベットによる表記法を見いだしているが、基本的に無文字のまま「歌う」や「話す」の言葉のみによって「表す」と「伝える」を成り立たせていたし、身体はそれらに寄り添うようにあった。表象としての「学」をもたずとも、世界は「歌う」や「話す」とともに「身」がありさえすればその「生きる」は可能であった。「身」が物として宇宙に属しているかぎりで世界は宇宙と一つになって全体としてあった。アイヌの人びとは自然とともにある哲人だった。次章では、アイヌの人びとの生活の中で生まれ育った「神謡」のありようを追うことによって、本章の主題である「神話と直感の関係」に引き続き迫ることとする。そこでは「神話性」は本章の主題となった『古事記』よりもいっそう「歌謡性」や「物語性」に近づき、「歴史性」が希薄になりその分「自然性」が色濃くなり、直感はそれにふさわしくまた大きく変わってくるであろうとすでにあらかじめ想定される。その照り返しのようにして「直感」にもまた新たな光が当てられることになるだろうと期待される。

第二章

アイヌの神謡・民話

前章では日本の神話の最古のありようとしての『古事記』を素材として直感との関連で考察を進めてきたが、それを「最古」と呼ぶことについてはいろいろ問題が含まれていた。まずもってそれが書物（文字）として編集されたのが七世紀後半以降であり、その内容についてはともかくとして、「伝承」を重視するにしても「最古」と呼ばれるありようは「最古そのもの」とは違っている。前章では直感を主題化していることの制約からそのような「神話」について「伝承としての〈話す〉を〈書く〉のうちに読む」という一種の〈曲芸的読み〉が強いられることともなった。第一部の「物語」の項で取り上げたように、日本の文化史では「物語」としての「語る」や「書く」は『古事記』の「書く」の時代に続くようにして現れている。「神話」は必ずしも古さと関係が深いわけでもないことからすれば、神話としての『古事記』に次いで各種形式の物語がその後相次いで生まれていることに特段の疑義をはさむ必要もないが、すでに繰り返し述べたようにこの時代が日本語の発生との関連で特異な時期であったことを思えば、改めてそのこととの関連で神話のありようを問うておくことは欠かせない作業である。「書く」を可能にする文字としての日本独自のものは「和歌」や「種々の記述」に関連して生まれることになるが、「物語」はそのような日本語文字の誕生と重なるようにして、あるいはそれを追うようにして生まれてきている。そこにいたる前段階として漢文の要素としての漢字が「話す」「書く」「聞く」「読む」「見る」との関係で、つまり文化移入として渡来人経由で伝わってきている。言葉にかかわるこのような日本の独自性についてはいくら強調しても強調しすぎることのない重要性が含まれていることにもすでに触れた。日本語の話し言葉については、本来ある日本語の「話す」に外来としての中国語の「話す」が交差し循環したありようをしていることの実体はなかなか意識的にはとらえがたい。それについては第一部で日本人の歴史的盲点であるとも述べた。以下、この点を踏まえて項別に表示して進める。

「書く」については前記の二様の「話す」が単に交差し循環するのみならず、文字として明らかに定まるありようと（漢語文字）、文字として明らかに定まりえない「話す（日本語文字の欠落）」が、「定まり」と「形」を求める不可能性として交差し循環した。

「聞く」については、意味の分からない「聞く（中国語）」と、意味の分かる「聞く（日本語）」とが交差し循環した。漢語による「話す」の意味が日本人に分かる度合いはその能力の習熟度によってまちまちであり、大半はまったく意味不明のうちに、あたかも鳥の鳴き声を聞くかのような「聞く」に甘んじるよりなかった。ともあれ、そのような多種多様なありようの「聞く」は日本人に本来の自分たち固有の「聞く（日本語）」との対比で、複雑多岐な交差と循環を用意したはずである。

「読む」についてはどうかと言えば、文字を自分の外にあるものとして見ることが初めての体験としてあり、それは「見る」であるにしても「物」や「景色」を見るのとは違う新奇なありようの体験であったはずである。そこに「意味」を読み取る程度に応じて「文字」はさまざまな形、さまざまなありようで見えていたにちがいない。このことのうちに古代人の直感の独特なありようをとらえておくことが肝要である。そこには物や景色を見ることの「見る」から始まって、確かであれ不確かであれ物や景色とは別の「意味」を感じる直感が働きうる。この確かであれ不確かであれ「意味」というものがそこにあるらしいことを感ずるのは直感以外にはありえないが、そもそものような直感によってとらえられる原初の「意味」のありようとは何であろうか、そしてそれはどのようなありようをしているのだろうか。この二つの問いは、直感についての直感によるこれまでにない新鮮な問いである。だが、前記のようなありようの直感の働きについてはすでに別の領域で触れてきてもいる。一つは、空海との関連で触れたことである。それはやはり文字との関連、特に書道との関連で浮上してきたものだが、そこでの文脈は「外発性視点」と「内発性視点」との関連で生まれていた。いま一つは、文字は本来的には単に外発性視点で見るものではなく、その要素が不要でないにしても、より本質的なのは「意味」をとらえる内発性視点であることは分かりやすい道理である。このことについては直感論でも「言葉」との関連でそれこそ多くの言葉を費やした事項であった。

自らの国の文字をまだ持ち合わせていなかった古代後期の日本人は初めてであれ馴れが生じてからであれ、文字を多かれ少なかれ外発性視点であるにせよ文字を見ざるをえない必然に立たされたとき、しかもその程度に応じてそこに「意味」なるものの「存在」でなくても「漂い」なり「揺らぎ」なり「香り」なり「匂い」なりを感ずることが十分ありえたはずである。そのようなものとしての「意味」とは言えない「隠されてあるもの」は彼ら古代後期の日本人にとっての直感にとってはどのようなものであったろうか。この問いは極めて微妙な問題を含んでいる。古代後期の人（奈良・平安期の日本人）の初体験としての、しかも原初的な、「読む」とは言えない半ば以上「見る」であるような「読む」は、古代であれ現代であれ人間一般の「読む」の原初段階としては広く一般化する事柄である。

突然飛躍するが、筆者の遠い過去の記憶のうちにも信州の山里にある親戚の下に疎開をしていた時期、ちょうど小学校に上がるまえであったが、すでに小学校に入学した一歳違いの兄が平仮名とカタカナを覚えるために使っていた積み木のような木片に色付きの文字の書かれたものを、勉強するのでもなく遊ぶでもなく手にしていた思い出が今急に浮上してきたのもゆえなしとは言えないであろう。そのときの文字との出会いの体験の「感ずる」がここにこうして生々しく浮上してきている。それは個々ばらばらの「平仮名」や「カタカナ」の形であって、文に成っていない文字の一つひとつがそれぞれの木片に描かれたただそれだけのものだったはずだが、その一つひとつの平仮名とカタカナは今現にこの文を作りつつある機器の画面上に次々と見えてきていることのうちに、古代後期の日本人の体験、現代人としての筆者の幼児期から老年期への「書く」のはなはだしい変容のありようのうちに生きてありつづけている。ここで働く直感から要素自己を抜き取ってしまえば、今ここにある機器の画面上の生まれたばかりの「平仮名」と「カタカナ」からその意味を抜き取ってしまうことも不可能ではない。共時性がそのことのうちで働くかぎりでそれは可能である。外発性視点はここにもありうる。レヴィ＝ストロースが古代の地層と現代の地層の同一平面を目にしたときの感動的な眩暈《めまい》はここにもそれとは違ったありようでありうる。直感から「生きる」を薄める程度に応じて時間の要素が希薄になり、実際、今現にここで展開する文脈上の寄り道が筆者の思考とは無関係に起こってしまうことにそれは如実である。

実際、ここでの文脈は引き続きそれこそ連綿と続いている。「思考との無関係性」、これが前記の文脈の鍵を握っている。この鍵となる言葉を換言しようとすれば、すでにこれまでの本論の鍵概念となっている「不思議」が改めて浮上してくる。「不思議」概念は本書の第一部と第二部をつなぐ一つの鍵ともなっている。「不思議」は「思う」と対立し、「議（話し合う）」と対立する。だが、この対立は単に互いに他を否定するありようをしていない。補完とも言いがたいが、互いに逆方向を指し示しながらつながっている。「不思議だから思う」のであり、「思うが不具合になるから不思議と思う」のである。「不思議だから話し合う」のであり、「話し合うが行き詰まるから不思議と言い合う」のである。第一部の論述で「神話思考」が「不思議」との関連で取り上げられたのも前記の文脈のうちにおいてであった。このような言明は前章で取り上げた『古事記』との関連でも最終段階で文字通り「神」とからむ「不思議」として浮上してきているが、そのありようについて改めて直感とからめてとらえ直すことの必要が大きくなってきている。第一部で浮上してきた「不思議」と前章で浮上してきた「不思議」とでは微妙な、しかも決定的な差異が見えてきている。本章はこの問いに向かわなければならない。

「不思議」とはそれこそ不思議な言葉である。どう転んでもみても正体がつかみにくいありようのことを「不思議」と言うのだが、そうであれば現代と古代の両者にとって「不思議」が身近なのはどちらなのだろうか。古代人にとっての方が現代人にとってより不思議なことが多いだろうか。この問いには多くの現代人は是とするかもしれない。聞き方を変えてみよう。不思議と感ずるなり思うなりすることは現代人と古代人の両者にとってどちらが多いだろうか。この問いに答えることは見かけほど簡単ではない。上記の比較を科学的に調査しようとしても、古代人は現存していないから不可能である。せいぜい言えることは、不思議と感ずるなり思うなりすることは現代人より古代人が多いということぐらいかもしれない。客観的にみて文明が解決した多くの不思議なことが古代には無数にあるととらえられるからである。だが、ほんとうにそうだろうか。現代文明が解決したそれこそ無数と言ってもよいような不思議なことの数々が、古代人にとってもやはり「不思議」であるという保証は当の古代人が現存していないので不明である。そもそも古代人にとって不思議と思えることの意味はどのようなことなのかそのこと自体が不明である。

「不思議」という言葉はどこか両義的である。その状況なり事情なりをただ見ているかぎりでは「不思議」はない。当然のことながら「不思議」はそれ自身で「不思議」としてあるのではない。「不思議」は人が不思議と思うのでなければありえない。また、人が不思議と思うためには「不思議でない」のありようが先行的に分かっていることも必要である。「不思議ではない」のありようがあらかじめ分かっているかぎりで「不思議に思う」、つまり「不思議」はありうる。古代人がさまざまな新奇な事象を目にしても「きれい」だとか「こわい」とか「すごい」とか情的に反応することはいくらでもありそうだが、いきなり「不思議だ」と反応することは少なくとも一般的なことではないであろう。

「因果関係」や「法則」や「理屈」が身近なものとなっている人のみが「不思議だ」と思う特権が与えられるであろう。あるいはそのような新奇な状況なり事情なりに出会ったことがきっかけで生まれて始めて一つの気づきとして人が不思議と思うことはありうるかもしれない。このようなことは単に「不思議」に限られることではないかもしれない。「不思議」以外のことでも、たとえば「明るさ」についてそれがどうしてそうなのかを考えるようなことは古代人にとってはあまりありそうにない。日常の経験から「太陽の光」や「火の輝き」を「明るさ」に結びつけて、ただそのような事態を受け入れることで納得するだろう。そのことを不思議に思うにしても「ありがたい」とか「快さ」とかが結びつき、そのようなことと関連して「おそれ」とか「近寄りがたさ」とかが生まれることもありうるだろう。「不思議」は前記のような情のもち方とは違っている。「不思議」は「不思議」という文字を成り立たせている「思（思う）」や「議（話し合う）」と本質的につながっている。「思う」や「話す」は「知る」へと傾いていく。直接「感じる」には向かうことはない。たとえば「明るさ」において「明るい」がなければ「明るい」はないし、「明るくない」がなければ「明るくない」もない。

ところで同じように、「不思議さ」において「不思議さ」がなければ「不思議さ」はないし、「不思議さがない」がなければ「不思議さがない」はないと言えるだろうか（問い一）。「不思議さ」はなくても「不思議さ」はあるのではないか（問い二）。「不思議さがない」がなくとも「不思議さはない」はあるのではないか（問い三）。「不思議さ」の程度が少なくなればなるほど「不思議さ」はなくなるというものでもなさそうである。「思う」や「話し合う」が鍵を握っている。「思う」や「話し合う」がないかぎりでは「不思議さ」はありえない。

古代人のことを考えるうえでは前記のことは重要である。逆に科学的文明のまっただ中にいる現代人においては、学の先端では常にどのような些細な「不思議さ」であれそれと関わることをしているからである。本論が直感を主題化していること自体がそうであって、古代人が同じように直感によって生きていたであろうことは自明であるにしても、なおこのようにその直感のありようとここでの直感のありようの差異を問いつづけている。新たな「不思議」が次々と生まれて今もなおこの文は前に進んでいる。「思う」が「不思議」によって牽引されているありようをして続いている。前記の三つの問いとしてある「明るさ」と「不思議さ」には、問いとしての「明るさ」や「不思議さ」に質量概念の不全が潜んでいるようにも直感にはとらえられる。「明るさ」には明るいと感じる強さなり量が欠け、「不思議さ」では不思議と思う回数なり強さなりが欠けているようにとらえられる。換言すれば、明るさを感じる人間の「生きる」のありようや、不思議と思う人間の「生きる」のありようへの問いの不全である。さて、いま一度元の問いに戻ってその問いのしかたを次のように変えてみよう。

①　現代文明が解決した無数の「不思議」のことを思えば、時代を遡って古代人の「不思議に思う」と比べて現代人の「不思議に思う」は減じたであろうか。

この問いに不全があるとすれば「不思議に思う」という言葉の不全である。前記の問いを簡略化してみよう。

②　「不思議」がなくなれば「不思議に思う」は少なくなるだろうか。

「不思議」のもつ両義性はこの問いのうちにある。〈「不思議」がなくなれば〉の「不思議」は現代思考のみからみた「不思議」である。古代思考においては「不思議がなくなる」という概念はないか、あったにしても希薄であろう。「不思議」があるにしても「不思議」を問う気持ちはないか、あっても希薄であろう。他方、「不思議に思う」における「不思議」は現代人、古代人それぞれからみた「不思議」であって、そのもつ意見は大きく違うであろう。このことを換言すれば、〈「不思議」がなくなれば〉の「不思議」は「不思議」そのものを指し示しており、単に外から見て「不思議」の有無を問うている。これは外発性の問いである。他方、「不思議に思う」の「不思議」は「不思議に思う」を指し示しており、現代人であれ古代人であれ人が不思議と思うことを指し示している。これは内発性の問いである。現代思考は現代人の個々のありようによってさまざまであるが、その個別的差異を可能なかぎり小さくするのであれば、すでに本論の鍵概念となっている「外発性」「内発性」を鍵として個別的に焦点を当ててみることが有効かもしれない。現代文明の主翼を外発性視点の典型としての科学が握っていることからもそうである。ただし科学にとっての「不思議」の総量は「外発性」を主とするにしても「内発性」を無視することもできない。本論の文脈からすれば共時性概念で浮上したレヴィ＝ストロースの外発性視点とユングの内発性視点をともに視野に入れておくことが必要である。現代人にとって、とりわけ古代人と比べた場合には「不思議」は単に「不思議」自体が減じているのみならず「不思議に思う」も減じているととらえられる。逆に古代人にとっては科学そのものが欠けていて、そこに科学らしい視点があるにしてもその芽生えのようなものであり、「不思議」自体は現代人に比べて極めて多いはずだが、それに応じて「不思議に思う」はどうかと言えばその程度も多いとは言いがたい。レヴィ＝ストロースとユングの対比で述べれば、前者ではその研究対象はアメリカ、オーストラリア大陸などの先住民であり、時代的にはそれぞれの大陸発見以降のことが主となる。直接的調査ということであれば古代の生活を引き継いでいる近代・現代の先住民である。また後者の場合であれば、すでに触れたとおり精神分析という精神治療の患者を対象としたもので、この方もまた特殊である。そのようなことを考慮に入れても前者の研究対象が外発性視点を特徴づけているのとは対比的に、後者の治療対象では内発性視点が特徴づけられている構造的対比のもつ意味は極めて重要なものとなる。前記のような外発性視点と内発性視点のありようを参考にして、改めて「不思議」概念をまとめて取り上げてみよう。

①　外発性視点一般では、「不思議と思わない」かぎりで「不思議に思う」はない。その鍵を「思う」が握っている。

②　内発性視点一般では、「不思議」があるかぎりで「不思議に思う」はありうる。

これが基本命題であるが、そのありようを具体的に検討していけば多種多様のありようが想定される。古代の人間を想定する場合にはなお不明であるが、前記の先住民族の事例や精神分析患者の事例ではそれぞれ特徴的なありようの「不思議」への構えなり態度なりが想定される。外発性を本質とする科学に焦点をしぼれば、前記①のように「不思議」のあるなしが鍵となり、「不思議と思わない」ことで決着がつく。また、科学とは対極にある前記先住民の場合の外発性についても「不思議さ」への向き合い方は前記①のようなことであるにしても、そのありようはかなり特殊なものである。だが、その鍵を握っているのはやはり「不思議」であり、科学的態度に見合うように先住民は植物の種の細かい分類を外発性視点優位の立場から行う。これは科学の本質としての観察と分類の働きである。だが、それが「不思議さ」とどれほどの関係をもっているかはつまびらかではない。先住民は不思議と思うから微妙な差異にこだわるのかどうかははっきりしない。外発性視点がそのような行動を導いているのにはちがいないだろうが、そこに科学と同類の動機が働いているかどうかは疑問である。彼らにとっては分類が目的であるよりも差異の発見が重要であるようなこだわりである。

前記の場合では外発性視点で見られた植物なり動物なりの差異が問題となっていて、「差異性」はその植物なり動物なりの「発見（存在）」を指し示し、「同一性」は逆にその植物なり動物なりの「確認（既存）」を指し示す。このような行為が「不思議」と関係するものであるとはにわかに判じがたい。そこに「不思議」があるとすれば「部分性」のそれ（分類）ではなく、「全体性」のそれ（謎）であろうと想定可能である。ともあれ、外発性視点、内発性視点と言っても、個々の事例に当たってみればそれぞれ違いがあって明快ではない。そのような不明のありようの鍵を握っているのは「不思議に思わない」ということのもつ意味であり、その追求がこの問題を解決するであろうと想定可能である。「不思議に思わない」ということはあるがままのすべてをそのまま受容する態度であり、これはそのまま直感における唯一全体であるものとしての「全体性」を指し示している。このように述べるのは直感論の立場が「不思議に思う」の身近にいることによって出てきている見解である。その際科学にとっての「不思議に思う」はまた特殊であり、すでに「思う」なり「分析する」なりの理論があって、それらとの不一致としての「不思議」が前面に出ているととらえられる。一見「不思議」という言葉は遠い古代や昔を連想させる。第一部で触れたように日本の古代後期には古今東西の「話」を集めて『今昔物語』が生まれている。そこには「不思議」に類する内容のものも多い。「今は昔」という独特な語りで始まるこの物語は、あたかも時間を混乱させせつつ共時の世界を巡るようにして今や昔の話の数々が対比的、循環的、重畳的に語られるが、これは現代流に言えば「現在」と「過去」の関係のことであり、「時間」そのもののありようを示している。このことは「語る」の本質的ありようが「時間」である可能性を指し示しているが、その趣旨は人間が単に今ある事柄を語るのでは飽き足らず過ぎ去った今をも含めて語ることを示唆しているのであろうか。しかも、それを「不思議」と絡めて。「語る」は本書の重要な主題であり、「語る」が時間の経過とともにあることは〈筆者の指が機器のキーを打ちつづけていること〉〈画面上に文字が生まれつづけていること〉に明らかであり、そのありようは筆者一人の過去に限らず世界の過去の総体がここに集約されている様相を指し示している。それぞれの全体性が互いに重なり合い循環しながら。そのような文脈のうちで前章の『古事記』に次いで本章で新たに「アイヌの神謡と民話」についての〈直感物語〉が、それこそ「語る」が「語る」を語るありようで始まる。そのありようは依然として「直感」が「直感」を分析するに重なっている。筆者はその進み行きの明らかな行き先を知らない。ここで確かなことは直感とは何であり、どのようにしてあるのかを問いつづけることのみである。アイヌ民族の歴史については多くのことが分かってきているが、それでも明らかな確かさでとらえられるようなありようをしていない。アイヌ民族は最後まで自らの文字をもっておらず現代においてもそうである。その歴史が現在でも霧や闇に包まれているのもそのことが主因であろうととらえられる。歴史は口頭伝承によってでも形成されうるが、その本質は「書く（記述）」や「物（遺物・遺跡）」の伝承を土台にして成るものであることはすでに前章の『古事記』についての論述においても見いだされている。日本の古代史が、現在でも奈良時代のありようでさえ混乱していることにこのことは如実である。古代が神話時代だからとらえどころがないと言うのではなく、「文字」をもたない時代だったからそうなのだと言うべきであろう。「神話」は、一．「不思議」があるかぎりで、二．また科学の解明のみで満足できないかぎりで、三．また「不思議」をすべて宗教に委譲して怠けるのでないかぎりで、四．また〈唯一全体性〉のありようについて無関心なまま部分性に甘んじているのでないかぎりで、現代でもありうるし、「現代の神話」が直感として語られることの意味さえありうる。本来的にはその一端を文学としての小説が担うべきであろうが、現在文学は世界的な規模で衰退しているようにもとらえられる。他の芸術領域にも「語る」に近いものがあるが、「神話」のようなありようのものは「小説」しかない。レヴィ＝ストロースは「小説」を神話の衰退したものと位置づけている。その場合、その衰退の意味が小説にとって肯定的なものなのか、それとも文化全体の衰退にかかわるようなものなのかはつまびらかではない。ともあれ、そこに「小説」独特なものがあることは間違いなく、文学はそのことを真正面から考えてみるべきであろう。「小説」が古代後期の「物語」を祖と仰ぐならばそうである。

前記したとおりアイヌ民族の歴史については不明な点が多々あるが、その半面のようにして伝承された神話（神謡〈カムイユーカラ〉）や民話（民謡〈ユーカラ〉）がその歴史の欠落を補うようにして現代に送り届けられている。これは世界の宝であると言ってもけっして過言ではないだろう。神話や民話は世界に無数にあると言ってもよいが、アイヌのそれがもつ特異性については、これまで国外ではもちろん国内でも十分意識化されてきていない。その関連の本は多く刊行され、「神話」や「民話」も多く紹介されているが、それらが「神謡」と呼ばれるゆえんでさえ十分に広く理解されないまま現在に至っている。

（突然のことだが、先刻ワープロ機器のローマ字入力がうまく機能しなくなり、急遽平仮名入力で対応することとなった。筆者はひらがな入力が不得手なのでここに来てにわかに入力の速さが大幅に落ちている。文体も微妙に変わってきている。不思議なことにこの突然の出来事は「文字を書く」という現在のここでの文脈に沿うものともなっている。これもまた共時性の為せる業である。アイヌ文化が文字をもたなかったことと関連して、筆者は「書く」ということのもつ意味を身にしみて感じさせられることとなっている。「話すように書く」ことが可能になるためには、「話す」を可能にしている「超越作用」が「書く」にも働かなければならないことが実感的に分かる。このことはワープロ機器の文字入力を初めて体験したときのことを思い出せば誰にでも共有できることである。）

ともあれ以下、この場でも原初の「書く（平仮名入力でキーを打つ）」のありようで（それゆえに新たな文体で）、原初の「書く」と原初の「話す」についての「書く」を引き続き進めることとする。人類かつ人間は「書く」に先立って「話す」を始めるのが本来であろうが、そもそも「話す」とは原初的な意味でどのようなものなのだろうか。この問いの答えは想像して分かるようなものではない。そのような原初のありようのものにじかに接してみなければ分からない（前記のとおり筆者が今「書く」について同じことを体験しているように）。すでに触れたが、「初めて話す」は幼児において特徴的なものである。そのありようについては幼児心理学がすでに明かしている。だが、このような幼児にはおおむね大人が寄り添っている。大人経由で「話す」一般の能力は多かれ少なかれ幼児に伝わる。しかし、これは純粋な意味での原初ではない。ここで問われているのは、文字通り人間が原初の形で「話す」を始めるありようであり、その意味である。だが、実際的には前記のような「話す」に出会うことは不可能である。このような文脈のうちに自ずと最後まで文字をもたなかったアイヌ民族の貴重さが浮上してくる。単なる無文字の民族は多くあるが、現代までそのようなありようを維持している民族ということであれば、その定義はともあれその数は限られるであろう。その場合、すでに固有の文字をもっている他の国民なり民族なりの「書く」を取り入れることになる。その際二種の「話す」が前後して交差することになるが、そのどちらの「話す」も原初の「話す」ではない。このようなことはすでに繰り返し述べてきたように日本の古代にも起こったことである。アイヌ民族は自ら固有の文字をもたなかったが、それゆえに彼らにとってのアイヌ語の「話す」は現代にまで引き継がれている。原初の「話す」が対応する「書く」の欠けたまま表層的変化はともあれ現代に伝えられている。そればかりか原初の「話す」は「歌う」ありようでも現代に伝承されている。このことのもつ意味は極めて大きいものがある。

前記のことはこれまでの「歌謡」との関連で触れたが、「話す」と「歌う」とでは本質的な差異があり、伝承を重視する場合には「歌う」が「話す」に先行する。「歌う」においては調子を取ることで口頭伝承が容易になるのである。なぜそうなるのかは改めて問わなければならないが、この問いの答えはこれまで重ねてきた直感論からすれば比較的容易である。アイヌ語の「話す」は現在日常的には日本語の「話す」に同化されたが（アイヌ民族が日本人に同化されたことの半面、アイヌ語の「話す」の非日常化）、アイヌ語の「歌う」は文化（神謡、民謡・民話）として現在も残っている。アイヌ語の「話す」はその原点である「歌う」に戻ったのである。このようにもともと「書く（語・文字）」をもたない一民族の「語（話す）」が近世から現代にかけて日常的に消え他国語に同化し、本来の「民族語（話す）」が文化としてさらなる原点（「歌う」）へと回帰していることは一種の奇跡と言っても過言ではないであろう。アイヌ語の原点としての「歌う」は回顧としてであれ観光としてであれ、力強く日常生活のうちに定着している。ここには多くの「循環」と「交差」がある。本来個人レベルのものであるはずの直感（要素自己の「生きる」の主導）が、民族レベル、文化レベルで循環し、交差している。ここには、アイヌという民族レベルの「根源」があり、アイヌという国民レベル（日本人）の「自己」があり、アイヌという文化レベル（神謡・民話など）の「超越」がある。紛れもなく現代の最先端を行く「直感」のカタチ（形）がそこにある。そこにこそ現代の神話が眠っていると言うべきである。「話す」も「歌う」も共に直感と密接な行為であるが、そうであればこそ「自己」のみならず「非自己」の働きが無視できない。その働きこそが直感作用を可能にしている。現に前記したように、今ここでの進み行きにおいての「書く（キーを打つ）」でも単に不慣れな場合に限らず、むしろキーを連打する場合にこそ「非自己（超越と根源の両作用）」の働きが必要となっている。その理由は、一.「話す」や「歌う」と同様に「書く（キーを打つ）」の場合でも、そのことに慣れてその速度が増せば増すほど「非自己」の働きが要請される、二.「非自己」の要素としての「超越」と「根源」の二作用はいずれも「思考（とりわけ緩やかな思考）」から離れるありようをしている、三.「超越」は「自己」に特徴的な〈表象作用〉を越えるありようをし、「根源」は「自己」と〈身体性〉を分け合っている、四.「話す」や「歌う」と同様に「書く（キーを打つ）」もまた首尾よくいくには〈超越的働き（思考を超えるありよう）〉や〈根源的働き（身体性を強調するありよう）〉が共に必要となっている、の三つである。

神話（神のことを語る）であれ、民話（人間のことを語る）であれ、これらの説話（「語る」）はいつでも「歌う」とともにある。これらは単なる「話す」ではない。「話す」とは別に「歌う」がある。現代人にとって「話す」とは別に「書く」があるのと同じである。ただ現代人一般の「書く」には「記録」の意味があるが、アイヌの「歌う」には別の特殊な意味がある。もともと「歌う」一般は「記録」ではない。アイヌ人は「神謡」や「民謡・民話」において、その「語る」をなぜ「話す」でも「書く」でもなく「歌う」をもってするのか。この問いこそが重要だが、その鍵を直感が握っている。この「歌う」は表象作用ではない。「歌う」はいつの時代でも表象作用ではない。このことは直感を働かせてテレビに映る歌手の「歌う」を見るなり聴くなりすれば歴然としている。歌詞としての言葉は歌手の「声」と「表情」と「仕草」、つまり〈身体性〉と一つになっている。このありようは紛れもなく直感作用である。「歌う」は勝れて直感作用であることを知らなければならない。

アイヌ人は勝れて直感的であればこそ「歌う」が身近である。「歌う」は、「話す」や「語る」よりも超越作用の働きが大きい。なぜなら、言葉との一体感（換言すれば非対象化の程度）は「歌う」の場合が「話す」や「語る」の場合より大きいからである（前記の歌手の例参照）。その結果、「実在しない神」や「死んだりして不在となった人間」や「人間（アイヌ）と異種の動物」がそれぞれ「歌う」の対象（主人公）となるとき、いずれの場合でも「歌い手」の「歌う」の目的格にはなりえず、「歌い手」自らが主格となる（憑依あるいは意識的主格化）。

現代に伝承されている「神謡」や「民謡・民話」の主人公が神であれ、人間であれ、動物であれ、それらが一人称形式で語られているのは前記のような理由によっているが、その物語様式が一人称で語られる理由の方から反転して述べれば次のようになろうか。原初アイヌ人にとって、一．主人公を対象化する視点が成り立たないこと、二．主人公が「神」であれば、「神」が憑依するありようをしていること、三．主人公が「人間」であれば、何らかの「神」であれ「心」であれが自らを語るありようをしていること、四．主人公が人間以外の「動物」であれば、何らかの「神」であれ「心」であれが自らを語るありようをすることをそれぞれ示している。

これらの諸特徴は、端的に言って「神」や「人間」や「動物」が互いに溶け合っているありようを示している。だが、これら三者ははたして互いに同等であろうか。「人間」の立場からすれば、「神」は「人間」を超えるものとしてとらえられ、「人間」は「動物」の進化したものととらえられている。「神」の存在については異議を唱える人がいるにしても、「動物」から「人間」への進化を否定する人は少ないであろう。そうであれば、前掲の四項は憑依現象を認めるかどうか（それ以前に「神」の存在の有無が問題だが）のほかには、「心」の問題が残ることになる。だが、これについては直感論ではこれまで中心課題として述べてきた。「心」と「身体」は一つとしてあるとも述べてきている。したがって問題となるのは、「神」や「心」が語るありようのことである。直感論からすれば、「心」と「語る」は直結している。これについてもこれまで詳しく述べてきている。さて「神が語る」とは何であり、どのようなありようのことなのか。問いはこのように煮詰まる。これは神話一般の問題である。「神が語る」を検討する前に、アイヌ人の歌い手が人間の主人公のことを一人称で歌う場合について検討しておくのがよいだろう。前記したとおり歌い手は人間の主人公を対象化（表象作用）しがたいゆえに一人称で歌う（直感作用）。歌うのは歌い手であるが、そこで働く「心」は主人公のものとなる。「歌う」には紛れもなく「歌い手」と「主人公（歌詞の）」の二人の人間が参与する。同時にしかも同じ場において。さて、これはどのような事象なのか。これもまた一種の憑依か。だが、この場合の二人は共に人間であり、人間と神との間ほどの懸隔があるわけではない。互いに他者であるにしても、人間同士という言葉もある。そうとすれば、そのような二人の存在の間に働くのは「憑依ではない何か」ではあるまいか。それは「ある種の直感」と呼ぶのが適切である。このような文脈の内にすでに述べた「憑依」事象を置いてみれば、これもまた直感と呼ぶのがふさわしいが、対象が「神」であることからすればそれは特殊直感と呼ぶのがふさわしいであろう。もちろん「神」の存在を認めた場合に限られるが。そして、アイヌ民族は原初から「神」の存在を認めてきた。その存在には原初から「カムイ」という言葉（「話す」）を当てがい、「カムイユーカラ」が歌われてきた。そして、その延長線上に現代がある。その「歌う」のありようは紛れもなく『原初の「話す」』であるにちがいない。ところで「憑依」とはそもそもどのような現象なのだろうか。問いはこのように変わる。前記の文脈からすれば、「憑依」とは「神が自ら語る」とするのがふさわしい。歌い手はそれに重ねるようにして歌うのである。そのようなありようが、前記した「特殊直感」と呼ぶものの内実である。それでは人間以外の動物が主人公となり、一人称で語られるなり歌われるなりするというのはどのようなありようのことなのであろうか。この場合も歌い手は人間であり、動物が主人公となって語るなり歌うなりするのである。ここでもまた、「神」の場合と同じように歌い手と動物が重なり一つになる事象が起こる。歌い手が動物と一つになって歌うなり語るなりする。そこにもまた二つの主体があることからすれば、それが一つのありようをするもののことはやはり「直感」と呼ぶのが最もふさわしいであろう。「動物」には「神」ほどの特殊性はないが、「人間」との異種性ははっきりしている。この異種のものが一つになるありようはやはり特殊である。だが、そうは言っても人間は動物の一種であり、そこには紛れもなく連続性があり、直感論でもこのことについてはこれまで繰り返し触れてきた。その際、動物に重きを置いた場合にはその直感を「根源直感」とも呼んできた。

以上のように、文字をもたなかったアイヌ人の「話す」は原初のありようを残したまま現在に伝えられているが、そのありようには原初の直感のありようがそのまま残されている。動物が身体性を優位にした「ある種の心」のありようを告示していることに「根源直感」の〈原初的ありか〉がとらえられる。その「心」の〈特徴的ありか〉さえうかがえる。原初のアイヌ人が（現代でもなお）動物を主人公とした歌詞を自らと重ねて歌うとき、半ばはその「心」を自らのものとし、あとの半ばを動物の「心」として、あるいは「神聖」として残しているのかもしれない。そこに憑依現象が想定されないかぎりでそうであろう。だが、神を主人公とする内容の歌詞を歌う歌い手が自らと重ねて歌うときそれを「憑依」と述べるかぎりにおいて、前記の「半ば動物の心」としたものを神による「憑依」とすることもありうるであろう。その場合には、「動物の心」を取るか、それとも「神の憑依」を取るかの二者択一を迫られることになるであろう。原初のアイヌ人の直感が向き合っていたのは、おおむねこのようなありようのことであろうと想定される。それはもちろん思考ではないし、不思議と感じることでもないであろう。ただ事を起こるがまま受け入れていたにすぎないであろう。なぜなら、物事を明らかに対象化できる者のみが事を分けることをするし、またできるはずだからである。実際、アイヌ人が動物のありように〈身体性〉と〈心性あるいは神聖〉を見ていたことは「熊祭り」の行事に特徴的にうかがえている。このように述べるとアイヌ民族の原始性が強調されて差別視と誤解されかねないが、事情はその逆である。ここでは単に自然とともに生きる原始性が述べられているにすぎず、むしろそのような〈自然性〉に潜む〈心性あるいは神聖〉がないがしろにされている現代文明の非がアイヌ文化のもつ原初性との対比で見えてきているにすぎない。

「熊祭り」は子熊の頃から育てて成長した熊を火祭りとともに殺すアイヌ民族固有の行事だが、一見残酷なこの祭りには原初以来の独特な世界観が潜んでいる。まさに「（宇宙の）自然」と「（人間の）心性」と「（原初の）神聖」が言わば三つ巴となっている世界観である。これら三つの要素は一つには「神話」のありようを指し示し、いま一つには「直感」のありようを指し示している。そして、そのそれぞれが一つの独特な世界観を指し示している。

まずもって、前記の三要素は互いに相通じ合っている。

①「(宇宙の)自然」は、「(人間の)心性」と重畳し、循環する。

②「(人間の)心性」は、「(原初の)神聖」と重畳し、循環する。

③「(原初の)神聖」は、「(宇宙の)自然」と重畳し、循環する。

「重畳」と「循環」ということであれば、前掲の三項における主語・述語関係の逆も真である。また、前記三要素の質的側面に着目すると次の点が浮き上がってくる。

①「(宇宙の)自然」は、物的ありようをしている。

②「(人間の)心性」は、文字通り心的ありようをしている。

③「(原初の)神聖」は、物的ありようと心的ありようをしている。

前記の〈物的ありよう〉とは端的に述べて空間的ありようのことであり、〈心的ありよう〉とは時間的ありようのことである。さらについでに述べておけば、原初の〈宇宙〉と原初の〈人間〉は〈空間性〉と〈時間性〉の混沌とともにあったと想定可能である。「生きてある」の原初のありようが人間の本質としてあったと想定可能である。そのことに重なり循環するようにして原初の宇宙はあったと想定可能である。そして、人間の「生きる」がそこにあるかぎりにおいて宇宙の「生きる」もそこにあったと想定可能である。

命題　人間の「生きる」があるかぎり、〈空間性〉と〈時間性〉の混沌とともに宇宙は生きてありうる。

これは直感論にとって新鮮な命題である。この命題においては次の二条件が前提となっている。一つは、人間の「生きる」であり、いま一つは、〈空間性〉と〈時間性〉の混沌である。改めて、ここで共時性概念が浮上してくる。「(宇宙の)自然」と「(人間の)心性」と「(原初の)神聖」がその鍵を握っている。その鍵のありようには次のような特徴がある。

① 前記三つの鍵のうち「自然」、「心性」はともあれ、最後の「(原初の) 神聖」については疑義が生ずる。はたして「神聖」には始まりと終わりとに差異があるのだろうか。その間に何らかの変容があるのだろうか。それ以前に、ここでは時間性の混沌が前提されている。

② 「神聖」は不変(普遍)であるということか。そうであるとすれば、その場合の「原初」とは何か。

③ あらゆるもの(つまり唯一全体性)の原初のことか。いかにもそのようである。

④ 「空間性」が「時間性」の混沌とともにある。「存在」が「生きる」とともにある。これはとりもなおさず直感のことである。これは堂々巡りか。否である。

この「生きる」は人間の「生きる」ではない。あらゆるもの(つまり唯一全体性)の「生きる」である。前記の「原初の」という修飾語はこのことを意味している。「共時」事象はこのことに基づいて起こっていると改めてとらえられる。実際、人間の「生きる」に先立って各種動物をはじめあらゆる生き物の「生きる」はあったはずである。それのみならず「生きる」の定義しだいでは単なる物の「生きる」もあったと想定可能である。

アイヌ文化の問題がこうして「共時性」問題に触れてきている文の流れは本論の文脈に沿うものだが、その鍵は「時間性」そのものが握っている。「時間」とはそもそも何であるかが改めて問われてきている。「空間性」に比べて「時間性」のもつ謎がにわかに浮上してきて、それに絡むありようをして「空間性」が「時間性」に寄り添っているようにとらえられる。このような原初の「空間性」と「時間性」の混沌のありようが、「時間性」のもつ謎を指し示しているようにとらえられるが、それはまた「人間の生きてある」ありようが原初としてあるありようを指し示しているともとらえられる。そのありようは人間にとって紛れもなく「混沌」としてあったにちがいないと想定可能である。「生きる」は「時間性」とともにあるはずだが、そこにまた「空間性」が寄り添っているのでなければ「生きる」が成り立たないことも確かである。このような状況が「人間の生きてある」の原初のすがたととらえられるが、そのようなありようの極限状況は、「人間の〈生きる〉」が「時間性」および「空間性」とともに凝縮してあると想定可能である。そのような「生きる」は「循環」と「重畳」のありようがいま一つの鍵として加わっていなければ不可能であろうことも想定可能である。「人間の〈生きてある〉」の原初のありようはそのようにして想定可能となる。そこにある「空間性」も「時間性」も原初のありようをしており、いわゆる現代的な意味での「空間」と「時間」を意味していないであろうし、そのようなありようもしていないはずである。だが、原初にあったそのような「人間の〈生きてある〉」は人間が生きてあるかぎりで現代でもありうるし、実際にある。「共時性」事象とはそのようなありようと関係するものであろうと想定可能である。おそらくその鍵は、「唯一全体性」が握っている可能性が大きい。

「(宇宙の)自然」「(人間の)心性」「(原初の)神聖」が共時性の鍵を握っている。ここまで論が進んでくればこれらを構成する言葉を解体し、「宇宙」「自然」「人間」「心性」「原初」「神聖」の六つの言葉を共時性の鍵概念とするのが適切であろう。だが、そもそも時間とは何であったのか、そしてそれはどのようにしてあったのかが改めて問われなければならない。これは現代まで持ち越されてきた問いである可能性が大きい。この問いについては以上の各項の文脈にも見て取れることだか、「時間」は極めて「直感」のありようの近くにあると想定可能であり、「時間」と「直感」は互いに重なっている可能性も大きい。「時間」と「直感」はそれぞれ相対的なありようをしているかぎりにおいて重畳し循環するはずだが、その関係はそれ以上のものを想定させる。「時間」と「直感」が一見して非相対性を示していることがかえって相対性以上のものを想定させる。

以上の考察から、「時間」と「直感」に関する仮説を下記に挙げる。

仮説一　時間とは直感のありようのことである。

仮説二　時間は三種のありようをする。

仮説三　時間は「(人間の)心性」に応じて下記の三通りに複雑化する。

①「(宇宙の) 自然」との関係では直線的である。
②「(人間の) 心性」との関係では複雑さは二乗化され、人間の意識から没するありようをする。
③「(原初の) 神聖」との関係では複雑さは無限化され、単に出没に限らず前後関係も不定となる。

以上の仮説に加えて、下記の命題を残しておく。

命題一　原初において人間の「生きる」があったかぎりで宇宙の「生きる」もあったと想定可能である。
命題二　その際、宇宙の「生きる」には人間以外のあらゆる生物の「生きる」もあったと想定可能である。
命題三　命題一、二のありようは共時性事象のありようと類似する。
命題四　〈空間性〉と〈時間性〉の混沌とともに宇宙は生きてありうる。
命題五　〈空間性〉と〈時間性〉の混沌は、あらゆる〈生きてあるもの〉の前提条件である。
命題六　前記の五つの命題は直感事象と関連する。

前記の命題の設定を契機にして、ここでの文脈の方向をアイヌの神謡・民話へと戻すこととする。とはいえ、引き続きここでは原初の人間の「物を語る」が主題化されていることに変わりはない。「物を語る」は紛れもなく人間の「生きる」である。そこには宇宙の「生きる」もあったと想定可能であり、その前提としての〈空間性〉と〈時間性〉の原初のありようである〈混沌〉もあったと想定可能である。アイヌの神謡・民話についてもまた、このような原初の〈混沌〉との連続性を想定することが可能である。

ここで現代にまで伝わっているアイヌの神謡・民話について、特に様式面にしぼって(外発的視点から)そのありようを整理しておく(以下の説明は知里真志保博士の定義に基づく。計良光範著『アイヌの世界〜ヤイユーカラの森から』によれば下記のように要約でき、現在このとらえ方は一般的に定着している)。知里真志保は、和訳の神謡集『銀のしずく』を残した知里幸恵の弟である。アイヌの口承文芸は、「韻文物語(ユーカラ)」と「散文物語(ウエペケレ)」の二つに大きく分類される。前者の「ユーカラ」は「歌う」を基調とし、その言葉は独特のもの(雅語)で叙事詩（詩曲）と訳される。一方、後者の主たるものは「ウエペケレ」で、日常語（散文）が使われ、リズムやメロディーにはあまりとらわれない。「ユーカラ」は、登場する主人公によって「神のユーカラ（神謡）」と「人間のユーカラ（英雄詩曲）」の二つに大きく分かれ、さらに「神のユーカラ」は「カムイユーカラ」と「オイナ」に分けられる。「カムイユーカラ」に登場する神には動物神、植物神、物神、自然神などがあって、自らの体験を一人称で語る。自然神とは、火の神、風の神、雷の神などである。他方、「オイナ」に登場する神は人格神で、人間の始祖（アイヌラックル、オイナカムイ、オキクルミなど地域によって呼び名が変わる）とも考えられ、神でありながら人間的要素を多分にもっている。その特徴は以下の通りである。

①　このように細かく分類されているのがアイヌの口承文芸の第一の特徴である。

②　加えて、登場する主人公は前記のように「神のユーカラ」でも自然物（生きている物、生きていない物）から人間まで多種多様なのが第二の特徴である。

③　さらに第三の特徴として、自然物の神はともあれ人間や動物が神との関係であいまいになっている。

④　しかもそうでありながら、その関係の基準はあって前掲の計良著の本によれば、動物神は神の世界では人間の姿をして暮らし、人間の世界を訪れる時は動物の姿を取り、人間と動物の両性をもった神々と位置づけられる（第四の特徴）。

⑤　前記した「オイナ」の人格神が神でありながら人間的要素を多分にもっている（第五の特徴）ことを付加すれば、これらはアイヌ神話における「神」「人間」「動物」同士の関係の二大特徴（第四、第五の特徴）となっている。

これらの諸特徴に加えて、以下に述べるさらなる重要な特徴がもう一つある。前記したとおりこれらの神謡が語られるときは多かれ少なかれリズムやメロディーに乗せられるが、その際「サケへ」と呼ばれる〈かけ声〉がそれぞれ固有の〈定められた文句〉で繰り返されることである。物語の主人公に応じてその文句は違っている。前記したとおりこれらの「語り」では主人公が自ら一人称で語るのが定形であり、自らが何ものであるかは最後に主人公が自らの正体を告げるまでは分からないのが常態であるが、前記の「サケヘ」の文句の差異によって分かる人には分かるようになっている。このような「サケヘ」そのものがもつ独特なありようは「語る」の音韻性と密接に結びついているととらえられるが、それはまた前記した「神」と「人間」と「動物」の関係が原初においてどのようなものであったかも告げているようにとらえられる。「サケヘ」が神謡のこのような詳細な様式区分や規則を音韻的に整えていることのもつ意味は極めて大きいものがある。「(宇宙の)自然」と「(人間)の心性」と「(原初の)神聖」が一つになっているありようがここに見てとれるからである。そこには文字のひとかけらもないがゆえに「サケヘ」が音韻による「語る」を可能にし、そのありようを「歌う」へと導いている。

以上のことからアイヌ神謡の「歌う」を成り立たせているのは「神聖」と「心性」と「自然」の三要素であると想定可能である。このような「歌う」が原初のありようを示していることからすれば、そこに原初の直感を見て取ってもそれほど的外れでないととらえられる。「神聖」は「超越」の原初であり、「心性」は「自己」の原初であり、「自然」は「根源」の原初であるととらえられる。実際、現代の「歌う」もまた「超越」と「自己」と「根源」から成る直感によって可能となっている。現代のテレビ画面のなかの歌手は「身体(根源)」と「心(自己)」と「情(超越)」で歌っているととらえられる。現代の「歌う」においては「器楽演奏」が「サケヘ」の役割を果たしている。そのことによって「情」は生まれてくる。

直感論では直感の核は「意」と「情」であるととらえられているが、「意」は「意味(心・自己)」として「意図(身体・根源)」としてあり、前記の文脈のうちでは「情」は「超越」として「意」に参入するととらえられる。現代の「歌う」は「演奏」によって可能になっているし、原初の「歌う」は「サケヘ」によって可能になっている。これまでの直感論であえて特化することを控えていた「情」のありかをここで超越領域と特化することも可能である。一見「情」という言葉のもつ人間性がそのような特化を躊躇させていたが、人間の「生きる」が他の「生きる」よりも後発性を特化する前記の文脈のうちでは「情」は人間占有のものではありえない。その一つの証は、宗教がこのような「情」を自ら意識するにせよしないにせよ「愛」と呼んでいる可能性が大きいことのうちにある。「愛」という言葉については、実際宗教関係の場に限らず巷でもそれ以上の広がりを見せて語られているし、現代の歌謡にもそのことは如実であるし、本書の第一部で取り上げた『万葉集』の歌謡においてもそのことは特化された。本居宣長が「もののあはれ」と並べて「いろごのみ」の概念を『源氏物語』を読み解く鍵としたこともこのことと無縁ではありえないであろう。「愛」はもともと超越領域にあればこそ人間の「生きる」にもありえているととらえる以外に理解する術はない。本論のここでの進み行きにおいても、直感が今現に働きつづけていることのうちにおいて「情」が「意」とともにあって事を前へと進めており、その働きはこれまでの論述を振り返るまでもなく如実であり、アイヌの神謡はそのことを明かしてくれている。

以上は「神謡」というアイヌ文化に属する超越領域との関連で浮上してきている事柄だが、すでに述べたようにこの文化には人間を主役とする「人間のユーカラ」や日常語の散文で語られる「ウエペケレ」という様式の物語も口頭で伝承されている。「人間のユーカラ」の主人公は決まって一人の男性で、ポイヤウンペという名前の少年の成長譚で、アイヌに災いをもたらす悪人たちと戦って人びとを救うという共通のモチーフで語られ「英雄詩曲」とも呼ばれる。その第一の特徴は、ユーカラに比べて長く、長いものになると何日にもわたって語り続けられるものもあったようである。そのことが可能になるためには「歌う」のありようが不可欠で、「神謡」のような「サケヘ」はないものの独特の美しい言い回しで節を付けて語りながら「レプニ」という木の棒で炉の縁を叩き、聞き手は「ヘイ、ヘイ」とか「ハップ、ハップ」と声をかけ、語り手のリズムを助け、力づけをするらしい。その第二の特徴は、物語の基本形が決まっていることである。天と地の間にある山城で姉に育てられた少年がアイヌの住む下界に興味を抱き、姉の目を盗んで山を下りていくところから話は始まる。少年は下界で善悪さまざまな人びとと出会い、さまざまな事件に遭遇する。そのなかで、少年は自らの生い立ちや両親、兄弟たちのことを知る。その第三の特徴は、少年の家族構成の特異なことである。少年の母は高い天上に住む狼神の妹で、人間でありながら智勇に優れた少年の父に恋をし、下界に下りて結婚して少年を産む。だが、それを嫉妬し憎んだ人間に夫はだまし討ちで殺され、少年の母は悲しみのあまり天上に帰ってしまい、少年は山城で母違いの姉に育てられるという顛末となる。

この第三の特徴を次のようにまとめることができる。その一は、宇宙が「天上」と「下界」に分けられている点は世界の他の多くの神話と共通しているが、その中間に「山城」と呼ばれる領域があって、そこで姉が弟を育てると設定されていることである。その二は、弟が下界に興味を抱き、密かに波乱万丈の冒険が始まることである。「狼の神である母」と「人間の父」の間の子である少年と母違いの姉の設定は、「動物」と「神」と「人間」が血の濃さを異にして混じり合っている。そのような設定で展開する物語は、空間的にはもちろんのこと、少年の成長と冒険のありようは時間的にも混沌以外の何ものでもないはずだが、それがリズムに乗せられて、しかも美しい言い回しで日数単位の長さで語られる不思議は「物を語る」の真骨頂であるにちがいない。

アイヌの口承文芸には、前記の「韻文物語（ユーカラ）」のほかに「散文物語（ウエペケレ）」がある。日常の言葉で語られる短い物語で、「昔話」と訳されている。これもまたその内容によって「神々の昔話（カムイ・ウエペケレ）」「人間の昔話（アイヌ・ウエペケレ）」「和人の昔話（シサム・ウエペケレ）」などがある。このようにアイヌ文化における「物の語り」の様式はさまざまである。その文化の一番の特徴は現代まで（自らの文化の消滅を危惧してローマ字表記が最後に生まれたが）文字の不要性を貫いたことにある。そして、そのことと裏腹の関係で「物の語り」の様式を「（宇宙）の自然」と「（人間の）心性」と「（原初の）神聖」のさまざまな関係によって詳細に分類していることのうちには、前記の特徴以上のものが潜んでいる。このきめ細かな「物の語り」の分類は、アメリカ大陸の先住民族が「動植物」の分類を驚くべききめ細かさでおこなっていることと見合っているととらえられる。直感論からすればそのどちらもが外発性視点によっているととらえられるが、そこに潜む差異もはっきりしていて、前者のアイヌ文化では「心性」が前面に出ているが、後者のアメリカ大陸の先住民族の文化では「物性」が前面に出ているととらえられる。このことは、第一部の結論でもあるユング理論とレヴィ＝ストロース理論との対比関係に見合っている。これは紛れもなく「心性」と「物性」の対比を物語るものだが、その関係がそのまま「内発性視点」と「外発性視点」との対比となっているかと言えば、必ずしもそうではない。ユングは精神分析家としての仕事内容からして「内発性視点」から離れることが難しかったと想定されるが、医者としての科学性は「外発性視点」を最後まで捨てさせなかったことも確かである。その点は彼が途中で袂を分かった師のフロイトと同様であったろうと容易に想定可能であり、実際、共時性事象を証明すべく努力し、時の物理学者アインシュタインと面識があり、理論面で接近していることは単なる偶然ではないであろう。他方、アメリカ大陸の先住民族の無文字文化とアイヌ民族の無文字文化の対比に目を向ければ、前者が「外発性視点」を特徴としていたことは紛れもなく、それに対して後者はすでに述べてきたとおりもともと「内発性視点」から離れることはできなかったはずで、同時にその文化が「宇宙」と「自然」と一体化するものであったがゆえに「外発性視点」もやはり捨てることができなかったことは容易に想定可能である。そのようなありようの両者の文化において共通して「神話」が無文字のまま生まれていることはなんら不思議ではなく、そのように一概に「文化」とも呼びがたいありようで、しかも「外発性」と「内発性」を互いに逆転させてそれぞれ現代に伝承されていることのもつ意味はまことに重いと言わざるをえない。この点には二つの文化がともに古代から連綿として中世、近世へと伝承されていることの貴重さのありかが見て取れるが、その歴史性ということになれば両者の間の差異もまた大きい。一方は、アジア大陸との間に近距離の海洋を隔てて位置し、小さな日本列島の北端にある島にすぎない。他方、アメリカ大陸の先住民族はそれ自身メキシコ文明に系譜をもち、他文化との接触ということであれば遠く大西洋の大海原を隔てたヨーロッパとの対決なり交流なりを待つよりなかった。このような極端に異なる立地条件がそれぞれの文化の運命を定めることになった経緯については、その差異がそのまま両者の文化の知名度の極端な差異となって現れている。だがそのような極端な差異を一挙に縮めるかのように「無文字文化」のもつ特異性が現代文明の行き詰まりを際立たせることでスクラムを組んでいるかのようにも直感論からはとらえられる。

この「無文字文化」と「現代文明」の対比はそのまま既述の種々の対比に連なっており、その鍵を共時性事象のもつ謎が握っているととらえることが可能である。これは単なる想定ではなく事実としての証のある措定であるが、そのためにはその謎を解くことが大前提となっている。

直感の核である「情」との関連で「愛」および「いろごのみ」についてはすでに触れたが、その際に別の核である「意」には言及していないので、その点をここで補足して直感の理論を補強することとする。この文脈で「情」としての直感の核は「超越領域」に原初的に属すると新たにとらえられ、「愛」や「いろごのみ」の両概念がそれに関連づけられた。その場合、心性面でなく「身体面」が強調されれば「根源領域」に傾くことは分かりやすい道理である。それはそれとして、直感のいま一つの核である「意」との関係がどのようになっているかについても問うておく必要がある。それは同時に本居宣長の「いろごのみ」の対概念である「もののあはれ」を新たに問うことへと通じている。「もののあはれ」とはそもそも何であるかが改めて問われてきている。「いろごのみ」は心性と身体性を一つにする概念であると直感にはとらえられるが、前記したように「超越領域」との関連では「情」や「愛」が身体性よりも心性に傾くありようが見て取れるのも分かりやすい道理である。ここには「超越」と「根源」の重畳と循環が見て取れる。さて、「もののあはれ」を前記の文脈に置いてみれば、そこにどのような状況が見えてくるか。「もののあはれ」は、一見いかにも情感的ありようを示している。古代語の「もの」は「物」ではなく「心」を指し示す。加えて、「あはれ」は「心」を指し示す。このことのもつ意味は何であろうか。この「心」は「心」のうちでも「情」に傾くありようを指し示している。これはどこかおかしくないか。すでに見たように「情」は「いろごのみ」によって指し示されていることからすれば、二重手間ではなかろうか。それとも心的「情」と身体的「情」をていねいに再分化しているのだろうか。ともあれこれは宣長の論述の文脈に沿うとらえ方である。だが、この言葉自身は紫式部の書いた『源氏物語』に用いられているものである。それがこの物語の鍵概念になっていると宣長は述べる。その宣長の文を読んだ昭和の文芸評論家小林秀雄は、このことについて以下のように述べている。

放って置いても、「あはれ」の代表者になれた悲哀の情の情趣を説くのは、（宣長にとって・筆者注、以下同様）末の話であった。さういふ次第で、彼（宣長）の論述が、感情論といふより、むしろ認識論とでもよびたいやうな強い色を帯びてゐるのも当然なのだ。彼の課題は、「物のあはれとは何か」ではなく、「物のあはれを知るとは何か」であった。（『本居宣長集』新潮古典集成）

この論は、この件についての本質を見事に突いていると直感にはとらえられる。昭和の優れた文芸評論家の直感は、宣長の「もののあはれ」論を前記のようにとらえているが、以下これについてさらに説明を加える。宣長の説く「あはれ（紫式部の概念）」は「情」であるにしても、個々の「情」の内容（質）ではなく、「情」のありようのことであると説いている。「情」としてとらえようのない心のありようを意識に上らせることそのものが「物のあはれ」である、と。この文は事が文学のことなのであえて小林秀雄の論の一部を提示し筆者流に要約したものだが、本論においてこれは必要な遠回りである。「紫式部」から「本居宣長」へ、さらに「本居宣長」から「小林秀雄」へと「もののあはれ」をバトンタッチさせることが必要となっている。確かに前記の箇所で小林秀雄は本居宣長の意を汲んで現代に伝えている。「本居宣長」と題される長編評論であれば当然のことである。

前掲の小林の文は誤解されやすいが、ここで使われている「感情論」と「認識論」という言葉を正確に受け止めることが必要である。小林は、宣長の論述が「感情論」というよりむしろ「認識論」とでも呼びたいような強い色を帯びているのも当然なのだと言っているのである。「もののあはれ」という感情について述べていると言うよりも、「もののあはれを知る」という認識のしかたについて述べているとでも言いたくなるのも当然なのだと小林は述べるのである。そのような宣長の論述のありようを「強い色を帯びる」と述べる。どのような色か。認識論とでも呼びたいような色である。このことは瑣末のことではない。「もののあはれ」を「情」にではなく、「認知」にでも結びつけたくなると言っているのであり、これは小林の誇張表現なのではなく、宣長の「もののあはれ」観を直感的に述べているのである。ここには、紫式部から始まり、本居宣長へ、さらに小林秀雄へとつながる「言葉」のリレーがあり、平安、江戸、昭和の各時代をつなぐ「直感」のリレーがある。その各段階で「もののあはれ」の本体が探し求められ、その最後の走者小林はいわば知の色を読み取っている。紫式部から延々と流れ下ってきた色である。「いろごのみ」と対となる「もののあはれ」が別の、もう一つの「いろ」つまり「知の色」としてここに現れているのは、この場が直感に満ち満ちた共時性の場であるからと述べても、これまでの文脈からすればそれもあながち牽強付会でないとお許しいただけるのではないだろうか。

本論が当然のごとく「情」のこととらえた「いろごのみ」との対比で、「もののあはれ」もまた「情」のこととらえることの二重手間に触れたのも直感に導かれてのことであった。ところが、小林秀雄は、本居宣長の論述（直感）に引かれて「情（感じる）」どころか「認知（知る）」へと向かうこととなっている。このことは直感にとって極めて重要な事態であるととらえられる。「もののあはれ」と「認知（知る）」との関係が、紫式部と『源氏物語』との関係で問われている。鍵となっているのは、一つには紫式部の「物の語る」であり、いま一つには本居宣長の「物の語る」である。この二つの「物の語る」を改めて振り返ってみれば、そこに「知る」の特徴的な色合いが確かに見て取れるのである。紫式部のそれはあのような長い物語を一糸乱れないありようで紡ぎきるためにはどれほどの「知る」が必要かは一目瞭然としている。加えて本居宣長のそれは『紫文要領』をつぶさに読めばそこに医者としての「知る」が「あはれ」に解けていることも歴然としている。そのどちらもが古代から現代にまで延々と流れ下っている時のありかを告げている。それはまたアイヌの神謡や民話がやはり延々と口頭で現代まで伝承されてきたことと見合っている。

あとがき

本書の副題には「神話」と「民話」のみが表示されているが、本文では「物語」や「神謡」も項立てされてそれらについてもかなり詳しく言及もされている。この後者の「物語」と「神謡」が直感との関係でもつ重要性は「神話」や「民話」に劣るものではない。直感を主題としたシリーズも本書で五冊目となったが、それらはいずれも「直感分析論」と一括りでき、直感が直感を分析する体のものだった。本書もまたその延長線上にあるが、新たにここでは「直感が直感を語る」と交差することとなっている。「直感分析論」が「直感物語論」と交差し、古代と現代をつなぐ鍵として直感に寄り添うように「物語」が浮上している。スペースの関係で今回割愛せざるをえなかった「和歌」もまた直感の原型を語る上で欠かすことのできないものであることもここで付記しておく。

本書ではなお「直感そのもの」は謎めいて筆者のまえにありつづけている。人類にとってしても謎はなお尽きることなくあり、本書でも確認できたように過去の果てには無数の「未知」がたとえば神話としてあり、未来の果てにも無数の「未知」がたとえば学問の対象としてある。「心のこと」は「内」を強調するが、「直感のこと」は「内」と「外」とともども強調する。これについては本シリーズの拙著でも繰り返し述べてきた。「内」に偏るか「外」に偏るかは「自己」と「非自己」の均衡つまり直感の導きに依っている。換言すれば「生きる」と「生かされる」に依っている。だがそう言えるのは通常の人間を中心にした場合である。かりに人間が「時間」の柱を失うことがあるとすればその「生きる」は危うくなり、「既知」と「未知」は路頭に迷う。その場合には人間は残された「現在時間」を生きるよりなくなる。本書の後半で浮上してきている共時性概念は、あるいはこのようなことのうちに現象化する謎なのかもしれないと現在の直感にはなお謎めきながらもとらえられている。

二〇一二年六月

著　者

■著者紹介

渡邊　佳明（わたなべ　よしあき）

1941年　東京都生まれ
1965年　東京大学文学部仏文科卒業
1971年　国家公務員上級甲（心理）の資格により法務技官
1976年　法務総合研究所に6年間勤務
1993年　岐阜少年鑑別所長に就任。以後、大津、和歌山、千葉、札幌の各少年鑑別所長を歴任
2002年　昭和女子大学大学院生活文化研究専攻臨床心理学講座教授
2005年　同大学院生活機構科心理学専攻教授
現　在　臨床心理士
茨城県に在住

主な研究領域
臨床心理学、非行臨床、直感分析論

主な著書
『虚空のダンス～直感が捉えた六つの非行原理』（文芸社、2000年）
『シンクロする直感～よしもとばなな「アムリタ」の意味するもの』（同上、2005年）
『「心の問題」と直感論』（大学教育出版、2008年）
『直感分析論―「言葉」と「心」の領域―』（大学教育出版、2009年）
『「直感分析法」の原点と拠点』（大学教育出版、2010年）
『続・直感分析論―「行動」と「身体」の領域―』（大学教育出版、2011年）

直感の原型

―「神話」と「民話」―

2012年7月30日　初版第1刷発行

■著　　者――渡邊佳明
■発 行 者――佐藤　守
■発 行 所――株式会社 **大学教育出版**
〒700-0953　岡山市南区西市855-4
電話（086）244-1268　FAX（086）246-0294
■印刷製本――モリモト印刷㈱

ISBN978－4－86429－156－9